KB194626

은혜와 진리 시리즈 1

- 하나님이 하신 극히 아름다운 일 -

구원, 길을 찾다

신동식 지음

구원, 길을 찾다

초판 1쇄 2020년 2월 1일
지은이 : 신동식
펴낸곳 : 우리시대
펴낸이 : 신덕례
디자인 : 김선
교열교정 : 허우주
편 집 : 권혜영
유 통 : 기독교출판유통

우리시대
경기 고양시 덕양구 마상로 102번길 53
woorigeneration@gmail.com
facebook /woorigeneration
ISBN 979-11-85972-25-1 04230
ISBN 979-11-85972-24-4 (세트)

- 하나님이 하신 극히 아름다운 일 -

구원, 길을 찾다

신동식 지음

일러두기

이 책에 인용된 성경 구절은 『성경전서 개역한글판』을

사용하였습니다

추천의 글

이 책을 내게 인도하신 성삼위 하나님을 찬미합니다. 신동식 목사님의 이 책은 한 마디로 말해서 '하나님께서 죄로 말미암아 진노 아래 있는 자기 백성을 죄에서 구원하여 내시는 방식', 즉 '구원의 서정을 따라서 논리적으로 조밀하게 풀어낸 구원론'에 관한 책입니다.

저자는 하나님의 목적에 입각하여 구원론을 시작합니다. 그러면서 결국 목적하신 구원을 이루심으로 자신의 영광을 드러내시는 하나님의 행사에 주목하면서 이 책의 내용을 이끌어 나갑니다. 또한 구원받은 성도의 행복은 궁극적으로 하나님의 영광이라는 목적을 이루어 가심 속에 있다는 요점을 줄기차게 강조하며 영적 입체감을 더하고 하나님의 구원의 모든 과정이 그리스도 예수님 안에 있는 대속의 은혜와 성령님의 감동하심으로 진행됨을 잘 풀어 나갑니다. 그러면서 사람의 입장에서 영적으로 궁금해할 질문을 던지고 성경적으로 대답하는 형식을 취하여 거룩한 호기심을 가지고 읽게 만든 좋은 책입니다. 많은 분들이 이 책을 통해서 구원론에 바르게 서는 데 큰 도움을 얻게 하실 성삼위 하나님을 찬미하면서 이 책을 추천하는 바입니다.

서문 강 목사_중심교회

신동식 목사의 『구원, 길을 찾다』는 인생에게 있어서 가장 근원적인 질문을 던지고 답을 제시해주는 참 귀한 책이다. 저자의 끊임없는 독서와 사색을 통해, 구원의 길을 잃은 교인들에게 구원의 참된 길이 무엇인지, 그리고 구원받은 자들이 어떻게 살아야 할 것인지를 제시하는 이 책은 길을 잃고 방황하며 참 그리스도인으로 살지 못하고 있는 자들에게 매우 큰 도전을 안겨준다.

특히 개혁주의 신학을 견지하고 있는 성도들에게 칼빈주의 5대 교리 혹은 구원의 서정을 알기 쉽게 풀어 설명하고 있는 이 책은 구원의 확신이 부재한 자들에게, 그리고 이미 구원받은 감격을 경험한 자들 모두에게 다 유익한 은혜를 제공한다.

교회를 떠받치고 있는 구성원들이 매우 부실한 모양을 띠고 있는 원인이 무엇인지를 깊이 인식한 저자는 이 책을 통해서 자신을 광명한 천사로 가장하여 할 수만 있으면 택한 자라도 넘어뜨리려는 사단의 계략을 통쾌하게 물리칠 수 있는 해답을 제시한다. 목회자로서 주님께서 맡겨주신 양들이 그리스도의 장성한 분량에 이르기까지 성장하기를 갈망하는 주님의 심정을 잘 드러내고 있는 저자의 노고를 깊이 치하하면서 이 책을 읽는 독자들 모두가 그리스도의 몸의 참된 지체들로서 건강한 역할분담을 통해서 그리스도의 몸을 온전케 하는 일에 복되게 쓰임받게 되기를 소망한다.

서창원 교수_총신대신학대학원 역사신학.개혁주의설교연구원장

진정으로 사랑하고 아끼는 후배요, 동시대를 목양하는 동역자인 저자에게는 보이지 않는 세 가지 무기가 있다. 첫째, 정직이다. 둘째, 가난은 참아도 복음에서 벗어나는 것은 용납을 하지 않는다. 또 하나, 한결같다.

한국 교회가 성장에만 집중하고 이단들의 공격으로 혼미한 상태에 빠져 있어 성도들에게 비상이 걸린 이 시대에, 특히 많은 그리스도인들이 구원의 확신 없이, 구원에 대하여 무방비 상태로 신앙생활을 하고 있는 요즘, 그 해답을 줄 수 있는 『구원, 길을 찾다』를 집필하게 됨을 축하한다.

총 19장에 걸쳐 구원의 길을 제시하고 나눔을 위한 질문을 통해서 초신자든 기존 신자든 쉽게 접근할 수 있게 집필되어 누구나 빠르게 이해할 수 있을 것이다. 구원의 문제로 방황하는 사람, 구원에 대해 궁금해하는 사람, 구원이라는 주제로 성경 공부를 하고자 하는 사람, 가정예배에서 구원에 대해 나누고 싶은 가정 모두에게 큰 도움이 될 것이다.

『구원, 길을 찾다』 이 한 권의 저서가 한국 교회를 깨우고, 성도들에게는 구원의 확신을 주는, 말 그대로 구원 길을 찾게 하는 최고의 저서가 되기를 바란다.

조대천목사_원당서문교회

그리스도인들에게 구원의 문제만큼 중요한 문제는 없을 것이다. 그러나 구원이 무엇인지, 어떻게 받는 것인지, 그 경로가 어떻게 되는지, 그리고 구원 이후에 만나게 되는 영적 침체, 계속적인 믿음의 성장은 어떻게 가능한지 등 구원에 관해 잘 모를 때가 많이 있다. 그것은 한국 교회 강단이 구원을 '믿음 구원, 불신 심판'으로 지나치게 단순화시키는 경향 때문일지도 모르겠다. 그러나 교의 신학자들도 구원을 논할 때 구원의 서정이라 하여 그 구원의 풍성함과 진지함을 상세하게 다루고 있지 않은가? 구원에 관한 신학적 고찰은 마르지 않는 샘물처럼 늘 들어도 우리에게 신선한 감동을 주는 것이 사실이다. 그런 의미에서 신동식 목사의 『구원, 길을 찾다』는 성경적이고 삶의 실천을 강조했던 청교도 신학자들의 입장에서 구원의 길을 잘 설명하고 있는 책이다. 구원의 그 깊은 진리를 배우고 함께 나누고 싶은 그리스도인들이라면 많은 도움이 되리라 확신한다.

최인우 목사_천산교회, 칼빈학문연구회 대표

어린 시절 방학을 하면 엄마의 손을 잡고 외갓집이 있는 서울로 나들이하는 것이 시골 촌놈인 나의 기쁨이었다. 장항에서 시작된 기차역을 암기하기 위해 지나온 역을 다시 손가락을 꼽으며 세다 기차가 종착역인 용산역이나 서울역에 도착하면 마냥 신났던 기억이 있다.

버스를 타기 위해 역 광장에서 펼쳐진 서울의 높은 빌딩 숲을 바라보면서 느꼈던 기쁨을 '구원, 길을 찾다'의 책장을 넘기면서 가지게 되었다. '구원, 길을 찾다' 라는 제목처럼 저자는 독자들에게 길을 찾도록 안내하듯이 구원의 길을 바르게 제시해 주고 있어 즐겁고 감사했다. 사실 요즘 많은 성도들의 구원관이 잘못되었거나 많은 오해가 있는 것이 사실이다. 그로 인해 이단들의 유혹에 쉽게 현혹되는 경우도 많은데 저자는 구원에 대한 오해와 잘못된 생각들을 바로잡을 수 있도록 구원의 참된 길을 제시해 주고 있어 즐거운 마음으로 읽었다.

믿음으로 말미암아 구원받는다고 할 때 잘못하면 하나님의 은혜가 아닌 나의 믿음으로만 구원받을 수 있다고 하는 착각에 빠질 수 있는데 저자는 구원의 능력은 전적인 하나님의 은혜이며 믿음은 그 은혜를 받는 경로나 수로의 역할을 한다는 분명한 사실을 간단하고 명확하게 설명해 내고 있다. 그러면서 저자는 그리스도를 믿는 믿음도 하나님의 선물이며 하나님께서 이끄신 결과라고 설명하고 있다. 특히 구원의 통로인 믿음은 지식, 동의, 신뢰가 함께할 때 참된 믿음이라는 설명과 함께 구원의 통로로 소망이나 사랑, 온유, 충성, 인내가 아닌 믿음이 선택된 '이유'와 '역할'을 설명하면서 구원은 믿음을 통하여 '은혜'로 얻는다는 사실과 함께 구원의 바른 길을 걷도록 친절하게 안내하고 있다.

'더 깊은 나눔을 위한 질문'을 통해 저자가 독자들에게 구원의 바른 길을 찾도록 하기 위해 심혈을 기울인 마음이 책장을 넘기는 손끝으로 전해져 오는 것만 같아 좋았다. 구원의 바른 길을 찾아야 하는 성도 뿐만 아니라 성도들에게 구원의 길을 바르게 가르쳐 지키게 해야 하는 목회자들에게도 좋은 지침서가 되길 바라는 마음으로 이 책을 추천한다.

김성고 목사_높은산 샘물교회

프롤로그

오늘 우리는 이곳저곳에서 구원에 관한 혼란을 목격하고 있습니다. 오랜 동안 교회 성장에만 혼신의 힘을 다하느라고 성경의 바른 교리를 가르치지 않음으로 인하여 구원에 대한 성경적인 확신이 무너지고 있는 것을 봅니다. 교회들이 성경의 바른 가르침을 전하기보다는 교회를 성장시키는 데 열심을 내었습니다. 이로 인하여 외적인 성장은 이루었으나 내적인 성숙은 연약하여 결국 많은 사설들과 이단들의 침입에 대하여 무방비 상태가 되어 버린 것입니다.

이단들은 자신들의 가르침을 불신자들에게 전하는 것이 아니라 신자들을 향하여 전하고 있습니다. 이것은 사단이 행하고 있는 고도의 전략입니다. 교회를 분열시킴으로 결국 모든 교회를 무너뜨리려는 시도이기 때문입니다. 특별히 사단은 구원의 문제를 가지고 교회를 흔들고 있음을 봅니다.

사실 오늘날 기독교회는 바로 칭의 곧 구원 문제로 태동되었다고 해도 과언이 아닙니다. 그런데 지금 교회 안에서 다시금 이 문제로 인하여 논란이 되고 있습니다. 구원에 대한 바른 이해가 빈약해지면 교회는 혼란스러워집니다. 그러므로 어느 시대보다 구원에 대한 바른 도리를 아는 것이 참으로 중요합니다. 이 책은 구원의 길에 대하여 성도들이 충분히 이해할 수 있도록 노력하였습니다. 길지 않은 내용이어서 읽기에 부담이 없을 것입니다. 그래도 찬찬히 읽는다면 더 좋을 것입니다. 특별히 이 책은 목회의 관점에서 서술하였습니다. 신앙생활하는 데 도움이 되기를 바라는 마음에서 출판하게 되었습니다.

이 작은 책자를 위하여 수고하여 주신 분들께 감사를 드립니다. 손용환 목사님께서 좋은 질문지를 만들어 주셨습니다. 그리고 정대원 선교사님의 귀한 조언으로 책이 균형있게 되었습니다. 감사합니다. 그러나 책에서 나타나는 모든 문제는 전적으로 저자의 문제임을 밝힙니다. 그리고 귀한 추천서를 써 주신 서문강 목사님, 서창원 목사님, 조대천 목사님, 최인우 목사님, 김성고 목사님께 감사를 드립니다. 또한 늘 책을 아름답게 만들어 주는 허우주 형제와 김선 자매와 권혜영 자매에게 감사를 드립니다. 그리고 첫 번째 독자로서 세밀하게 읽고 조언을 해주는 아내에게 감사를 드립니다. 이 작은 책이 주님의 교회를 위하여 작게나마 쓰이기를 소망합니다.

2020년 1월 31일

소명의 땅 원당에서 신동식

목차

하나님은 우리가 행복하기를 기뻐하십니다.
예수님께서 성육신하신 것은 우리의 행복을 위해서입니다.
행복은 모든 근심이 사라진 참된 평안의 상태입니다. 모든 것을 가지고
있어도 평안이 없으면 행복을 가졌다고 말할 수 없습니다.

1장
우리를 향한 하나님의 목적은 무엇입니까?

"꿈을 이루는 것보다 먼저 행복해지세요."

얼마 전 의료 실수로 생을 마감한 가수 신해철이 공연할 때 자주 하던 이야기입니다. 그는 생전에 많은 히트곡을 발표하고 노래한 유명한 가수입니다. 그의 꿈은 아주 명료했습니다. 바로 행복하게 사는 것입니다. 그가 음악을 하고 가정을 꾸리고 때로는 정치적 퍼포먼스를 하는 이유가 바로 행복이었습니다.

사람은 누구나 삶의 목적이 있습니다. 그래서 그 목적을 향하여 열심히 살아갑니다. 반면에 목적이 사라질 때 사람은 무기력하게 됩니다. 왜 사람은 삶의 목적이 있어야 살 수 있을까요? 그리고 정말로 사람들은 삶의 목적을 가지고 살고 있을까요? 이 질문에 답하기 위해서는 중요한 전제가 있어야 합니다. 그것은 바로 사람이 하나님의 형상으로 창조되었다는 사실입니다. 이것이 삶의 목적에 있는 핵심적인 비밀입니다. 하나님은 자신의 형상을 따라 사람을 창조하셨습니다.

하나님은 창조주이십니다. 사람은 창조주 하나님의 형상입니다. 여기에는 사람이 우연하게 이 땅에 존재하게 되었다는 생각을 가지지 못하게 합니다. 하나님이 우연한 분이 아닙니다. 그러므로 사람 역시 결코 우연하지 않습니다. 그리고 이 사실은 사람에게 주어진 삶의 목적, 존재의 이유가 있음을 분명하게 보여줍니다. 그 목적은 하나님이 창조하신 세계를 사람이 대신하여 다스리는 대리통치입니다. 하나님의 형상으로서 사람은 매우 분명한 목적을 가지고 이 땅에 존재합니다. 이것은 동시에 하나님 자신이 사람을 향한 목적이 있음을 보여주는 것입니다.

그렇다면 자연스럽게 우리는 질문할 수 있습니다. 하나님이 원하신 것은 무엇입니까? 하나님이 우리를 통하여 얻고자 하시는 것이 있다면 과연 어떤 것일까요? 모든 것을 가지신 분이 무엇이 더 필요하시겠습니까? 그런데 성경은 하나님께서 우리를 향하신 목적이 있다고 말씀하십니다. 그것이 무엇일까요?

첫째로 하나님은 우리를 통하여 영광 받으시기를 원하십니다. 성경은 복음을 고백하는 이들에게 의미심장한 말씀을 합니다.

"너희는 먹든지 마시든지 무엇을 하든지 다 하나님의 영광을 위하여 하라"[고린도전서 10:31]

무엇을 하든지 하나님의 영광을 위하여 사는 것이 우리를 향한 하나님의 목적입니다. 그래서 교회의 중요한 유산인 웨스트민스터 신앙고백서 소요리문답 제1문은 사람의 제일 목적이 "하나님을 영화롭게 하며 그를 영원토록 즐거워하는 것"이라고 하였습니다.

하나님의 영광을 위하여 산다는 것은 자신을 의존하고, 자신을 자랑하지 않습니다. 하나님의 영광은 오직 하나님만을 사랑하고 의존하며 자랑하는 일입니다. 바울의 고백처럼 '나의 나 된 것은 하나님의 은혜'라고 고백합니다.[고린도전서 15:10] 그러나 죄인은 자신을 자랑하고, 자신이 중심되고, 자신의 즐거움만을 위하여 삽니다. 자신에게 이득이 없으면 하나님을 떠납니다. 또한 자신의 권위와 능력이 커지면 하나님의 법을 슬그머니 떠납니다. 어디에서나 자주 볼 수 있는 장면은 부자들의 당당함입니다. 그리고 가난한 이들의 주눅입니다. 이것은 죄의 현상입니다. 그러나 구원받은 자녀들은 부의 유무와 관계없이 겸손합니다. 모든 것이 주님으로부터 왔음을 알기에 많이 갖고, 배운 것이 교만의 내용이 되지 않습니다. 오로지 하나님의 영광을 위하여 살아갑니다. 이것이 우리를 향한 하나님의 목적입니다.

둘째, 하나님은 우리가 행복하기를 기뻐하십니다. 예수님께서 성육신하신 것은 우리의 행복을 위해서입니다. 행복은 모든 근심이 사라진 참된 평안의 상태입니다. 모든 것을 가지고 있어도 평안이 없으면 행복을 가졌다고 말할 수 없습니다. 우리 주님이 우리에게 오심은 바로 이러한 평안을 주시기 위함입니다.

"평안을 너희에게 끼치노니 곧 나의 평안을 너희에게 주노라 내가 너희에게 주는 것은 세상이 주는 것 같지 아니하니라 너희는 마음에 근심도 말고 두려워하지도 말라"[요한복음 14:27]

그런데 우리에게 주시는 이 평안은 어떠한 대가를 요구하지 않습니다. 우리 주님이 주시는 이 평안은 거저 주시는 전적인 선물 즉 은혜라는 것입니다. 하나님은 자신의 자녀들이 평안 가운데 살고 평안을 주고, 평안을 누리고, 평안을 전하는 자가 되는 것을 기뻐하십니다. 우리가 근심과 걱정 가운데 있는 것은 하나님의 마음과는 전혀 관계없습니다. 하나님은 자녀들이 언제나 평안을 통하여 참된 행복을 누리기를 원하십니다. 이것이 바로 우리를 향한 하나님의 두 번째 목적입니다.

세 번째로 하나님이 우리에게 원하시는 것은 거룩함입니다. 무엇보다도 그리스도는 거룩한 성도를 기다리고 있습니다.

"하나님의 뜻은 이것이니 너희의 거룩함이라 곧 음란을 버리고"[데살로니가전서 4:3]

이것이 성도에게 나타나야 할 표지입니다. 거룩은 하나님의 본성입니다. 그래서 말씀하시기를 내가 거룩하니 너희도 거룩하라고 말씀하셨습니다.[레위기 19:2] 하나님은 우리를 거룩하게 하시는 분입니다. 하나님이 우리를 거룩하게 하시는 것은 거룩함이 없이는 하나님을 볼 수 없기 때문입니다. 또한 거룩함이 없이는 하나님 나라를 상속받을 수 없습니다. 거룩하신 하나님의 자녀는 오직 거룩함을 입습니다. 거룩함이 없이는 하나님 나라에 들어갈 수 없습니다. 누구든지 죄의 해결 없이 하나님 나라를 상속받을 수 없습니다. 오직 거룩이 있어야 하나님과 함께할 수 있습니다. 그러므로 하나님은 우리가 거룩함을 얻기를 원하십니다. 구원은 칭의만이 아니라 거룩함이 함께하기 때문입니다. 하나님의 뜻이 우리의 거룩함인 이유가 바로 여기에 있습니다.

거룩은 죄와 함께할 수 없습니다. 거룩은 죄를 죽일 때 주어집니다. 죄 죽임이 거룩의 근거입니다. 죄에서 떠날 때 거룩은 우리를 지배합니다. 거룩을 위해서는 죄를 죽여야 합니다. 죄를 죽이지 않고는 결코 거룩할 수 없습니다. 죄와 거룩은 함께할 수 없습니다. 거룩이 있는 곳에 죄는 물러나고, 죄가 있는 곳에 거룩은 볼 수 없습니다. 그러므로 죄를 죽이는 것이 거룩을 이루는 일입니다. 그런데 죄를 죽이는 일은 우리의 능력으로 불가능합니다. 타락한 본성을 소유한 우리는 죄의 지배 아래 있고, 죄를 따라 살아가는 것을 좋아합니다. 그러므로 우리의 본성과 힘으로는 죄를 이길 수 없습니다. 죄를 죽일 수 있는 것은 오직 하나님의 은혜입니다. 하나님의 은혜가 없다면 죄를 죽일 수 없고, 거룩할 수 없습니다. 우리의 거룩은 오직 하나님의 은혜로 주어집니다. 그 은혜는 바로 구원의 선물입니다. 하나님은 우리에게 은혜를 통하여 구원을 주심으로 우리가 거룩하게 될 것을 기대하셨습니다. 이것이 바로 하나님이 우리를 향한 목적입니다.

하나님의 목적은 분명합니다. 창조부터 변함이 없습니다. 다만 인간의 타락으로 인하여 왜곡되었지만 그 본래의 계획은 변함이 없습니다. 하지만 하나님은 이러한 분명한 목적을 아무에게나 요구하지 않으십니다. 오직 구원받은 자에게 요구하십니다. 구원이 없이는 결코 하나님을 영화롭게 할 수 없고, 하나님이 주시는 평안을 누릴 수 없습니다. 거룩한 삶도 살 수 없습니다. 그런데 하나님께서 이 선물을 우리에게 주시기 위하여 홀로 준비하셨고 작정하셨습니다. 그리고 시행하셨고 오늘도 그 일을 하고 계십니다.

하나님은 이 놀라운 비밀을 알게 하시려고 설교자를 세우셨습니다. 설교자들의 사명은 바로 구원의 복된 소식을 전하는 일입니다. 하나님이 예비하신 구원이 무엇인지 알리는 일입니다. 구원의 복된 소식을 듣고 믿는 자들에게는 하나님의 목적하심이 나타납니다. 구원받은 자는 의미 없는 인생을 살지 않습니다.

구원은 하나님의 목적을 이루게 합니다. 그리고 온 땅 가운데 하나님의 주권을
선포하게 하고, 하나님의 영광을 드러냅니다. 구원받음이 주는 영광의 선물입니
다. 그렇기에 하나님이 베풀어 주시는 구원이 무엇인지 바로 아는 것이 참으로
중요합니다. 앞으로 구원에 대한 하나님의 가르침을 차례로 살펴볼 것입니다.
우리 모두에게 구원의 능력과 영광과 기쁨이 있기를 기대합니다.

1. 우리를 향하신 하나님의 목적은 무엇입니까?

1)

2)

3)

2. 우리를 향한 하나님의 목적과 우리의 구원은 어떤 관계가 있습니까?

3. 하나님께서 이 놀라운 사실을 알게 하시기 위하여 세운 일이 무엇입니까?

4. 당신은 삶 속에서 거룩해지기 위하여 무엇을 하고 있습니까?

아량이 넓은 마음을 가진 사람이 자신에게 빚진 모든 사람들의 빚을 해결
해 주기로 작정했다고 가정해 보십시오. 이처럼 행복하고 기쁜 일이 어디
에 있겠습니까? 구원이 이러한 것입니다.

2장

죄인이 의롭게 되는 길이

있을까요?

하나님께서 주신 놀라운 비밀 가운데 하나는 죄인을 미워하시면서 동시에 죄인을 위하여 자신을 내어주셨다는 것입니다. 하나님은 죄의 결과가 사망이라고 선언할 정도로 미워하십니다. 그러한 하나님께서 생명을 주시면서 사랑하셨다는 것이 바로 복음입니다. 사람들이 이해할 수 없는 하나님의 사랑은 바로 죄인을 의롭다고 하셨으며 경건치 아니한 자를 의롭다고 여겨 주신 일입니다. 이것은 은혜의 비밀입니다. 바울은 그 사실을 다음과 같이 증거하고 있습니다.

"일을 아니할지라도 경건치 아니한 자를 의롭다 하시는 이를 믿는 자에게는 그의 믿음을 의로 여기시나니"[로마서 4:5]

그런데 많은 사람들은 거저 받는 것에 대하여 불편한 심정을 가지고 있습니다. 반드시 어떠한 거래가 있어야 한다고 생각합니다. 주고받는 것이 정상적이며 그래야 마음이 편하게 느껴집니다. 누군가 거저 받았다 그러면 잘 믿지 않고 의심하는 것이 우리의 모습입니다. 그러므로 구원이 하나님이 주시는 선물이라는 것을 좀처럼 받아들이지 못합니다. 이것은 구원에 대하여 큰 오해를 가지고 있기 때문에 생긴 현상입니다.

구원에 대한 오해

일부 사람들은 구원도 선함이 있어야 한다는 생각을 합니다. 선한 행동이 있어야 하나님으로부터 구원을 받을 수 있다고 생각합니다. 그러나 성경이 말하는 바 하나님은 "경건치 아니한 자를 의롭다"고 여기십니다. 이것은 우리의 모든 생각을 뒤엎습니다. 경건한 행동이 있어야 의롭게 여김을 받는 것이 아닙니까? 그런데 경건치 않은 자를 의롭다고 하셨습니다.

우리는 보통 양심의 법에 따라 혹은 실정법에 따라 우리의 선함과 행함을 말합니다. 그래서 다른 사람에게 피해만 주지 않으면 죄와 관계없으며 선한 삶을 살았다고 생각합니다. 그러나 우리의 중심을 보시는 하나님은 이 땅에 의인이 하나도 없다고 말씀하셨습니다.

"그러면 어떠하뇨 우리는 나으뇨 결코 아니라 유대인이나 헬라인이나 다 죄 아래 있다고 우리가 이미 선언하였느니라 기록한 바 의인은 없나니 하나도 없으며 깨닫는 자도 없고 하나님을 찾는 자도 없고 다 치우쳐

한가지로 무익하게 되고 선을 행하는 자는 없나니 하나도 없도다 저희 목구멍은 열린 무덤이요 그 혀로는 속임을 베풀며 그 입술에는 독사의 독이 있고 그 입에는 저주와 악독이 가득하고 그 발은 피 흘리는 데 빠른지라 파멸과 고생이 그 길에 있어 평강의 길을 알지 못하였고 저희 눈앞에 하나님을 두려워함이 없느니라 함과 같으니라"[로마서 3:9-18]

어디에도 그 누구에게도 선함이 없습니다. 이러한 현실 가운데 우리 주님이 오셨습니다. 우리 주님의 오심은 의인을 찾으러 오신 것이 아닙니다. 의인이 아니라 죄인입니다. 의인이 있다면 주님이 이 땅에 오실 이유가 없습니다. 죄인들에게 의를 주시려 오셨습니다. 즉 죄인인 우리를 의롭게 하시려고 오셨습니다.

죄에서 자유하게 되는 길

그렇다면 경건치 않은 사람이 의롭게 된다는 것은 무엇입니까? 다시 말한다면 죄인이 의롭게 된다는 것이 무엇입니까? 그것은 죄인이 죄에서 자유하게 되는 일입니다. 죄에서 자유하게 된다는 것은 죄의 빚을 다 탕감받는다는 뜻입니다. 그런데 누가 그 죄를 탕감할 수 있습니까? 이 땅의 사람들이 죄를 용서해 줄 수 있겠습니까? 불가능합니다. 모두가 죄인이므로 인간은 누구도 인간 본성의 죄를 해결할 수 없습니다. 그런데 하나님께서 경건치 아니한 사람들을 의롭게 하시는 방법을 만드셨습니다. 바로 하나님의 은혜입니다. 은혜는 하나님이 값없이 주시는 선물입니다. 구원은 사람의 노력과 선한 행위로 이뤄지는 것이 아니라 전적인 하나님의 은혜입니다. 은혜로 말미암아 구원에 이르게 됩니다(에베소서 2:8-9).[1] 결코 자신의 어떠한 행위가 구원에 이르게 하지 않습니다. 그래서 누구든지 구원에 있어서 자랑할 수 없습니다.

하나님의 은혜만이 죄인을 의롭게 할 수 있습니다. 경건치 않은 자가 의롭게 되는 길은 하나님의 은혜 외에는 다른 길이 없습니다. 하나님의 은혜는 예수 그리스도를 믿는 믿음을 통하여 구원을 우리에게 주십니다. 그러므로 이제는 누구든지 하나님의 은혜 안에 있는 그리스도 예수를 믿음으로 의롭게 되었으며, 그 믿음으로 의인이 되었습니다. 그리고 지금은 하나님의 상속자가 되어 그리스도와 함께 기뻐하고 있습니다. 그러나 죄의 본성만은 가장 사악한 자들과 어깨를 나란히 합니다.

하나님이 없다고 말하는 교만

이 땅에서 가장 위험한 사람이 있습니다. 그것은 바로 하나님이 없다고 말하는 교만한 자들입니다. 혹시 당신이 그 주인공은 아닙니까? 이들은 하나님이 없다고 생각하며 자신의 소견에 옳은 대로 삽니다. 나아가서 하나님은 어디에도 존재하지 않는다고 떠들어댑니다. 이것은 입으로만 부인하는 사람을 말하는 것이 아닙니다. 신앙이 있다고 말하면서도 행위로는 부인하는 사람을 향하여 하는 말이기도 합니다. 그런데 이러한 사람들에게 놀라운 소식이 온 것입니다. 그것이 바로 로마서 4장 5절의 말씀입니다. 경건치 않은 자를 의롭게 여겨 주신다는 소식입니다. 이것이 바로 복된 소식입니다.

---

1   "너희가 그 은혜를 인하여 믿음으로 말미암아 구원을 얻었나니 이것이 너희에게서 난 것이 아니요 하나님의 선물이라 행위에서 난 것이 아니니 이는 누구든지 자랑치 못하게 함이니라" [에베소서 2:8-9]

그렇다면 이것이 복된 소식인 이유는 무엇입니까? 사랑의 주님께서 은혜의 장치를 고안하실 때 바로 당신 같은 사람을 염두에 두시고 고안하셨다는 사실입니다. 아량이 넓은 마음을 가진 사람이 자신에게 빚진 모든 사람들의 빚을 해결해 주기로 작정했다고 가정해 보십시오. 이처럼 행복하고 기쁜 일이 어디에 있겠습니까? 구원이 이러한 것입니다. 우리의 빚을 탕감하여 주었습니다. 이 빚을 해결하지 않으면 영원한 죽음에 이르게 됩니다. 죄의 빚은 그 마지막이 사망입니다. 그런데 이 빚을 예수님이 갚아 주셨습니다. 그리고 죽음에서 생명을 얻게 하셨습니다. 영원한 죽음에 이르는 죄를 용서하여 주셨습니다. 이것이 구원입니다. 그러나 구체적으로 이야기한다면 이것은 구원의 결과입니다. 찰스 스펄전은 이렇게 말합니다.

　　"구원의 결과로 그렇게 되는 것입니다. 구원의 결과가 이루어지기 전에 구원이 먼저 오는 것입니다. 즉 더럽고, 보잘것없으며 잘못된 상태, 형편없는 상태, 경건하지 않은 상태에 있을 때 구원이 오는 것입니다. 하나님의 복음, 즉 경건하지 않은 사람을 의롭게 하는 기쁜 소식이 임할 때의 상태가 그렇습니다."[2]

　　그 어떤 것도 우리의 더러움에서 우리를 깨끗하게 할 수 없습니다. 오직 하나님의 은혜만이 우리를 깨끗하게 하실 수 있습니다. 그러므로 우리에게 필요한 것은 있는 그대로 하나님께 나아가는 것입니다. 이것 외에 우리가 할 수 있는 일이 없습니다. 우리가 있는 그대로 나아갈 때 하나님께서 우리를 받아 주시고 어두움의 나라에서 건져 주십니다. 이 사실을 인정하는 것이 참된 겸손입니다.

2　찰스 스펄전, 『구원의 확신이 없는 이에게』, 김현준 역, (서울: 첨탑, 2005), 38.

1.구원에 대해 사람들이 갖고 있는 오해는 무엇입니까? 또한 당신이 갖고 있던 오해는 무엇이었습니까?

2. 우리의 구원을 위해 하나님만이 하실 수 있는 일은 무엇입니까?

3. 구원의 비밀이 복된 소식인 이유는 무엇입니까?

4. 경건치 않은 자가 경건하게 되는 길이 당신에게 일어났습니까?

인류의 죄를 위하여 하나님의 아들이 고난받으신 것은 온 인류가 고난당
하는 것보다 더욱더 영광스러운 하나님의 통치의 성취입니다.
– 찰스 스펄전

3장
하나님의 의롭다 하심은
무엇입니까?

일생 동안 해야 할 일을 하고, 또한 하지 말아야 할 일을 한 번도 하지 않은 사람은 율법에 비추어 보았을 때 의로운 사람입니다. 그러나 문제는 이러한 삶을 살았던 사람이 없다는 사실입니다. 과거에도 없었고 지금도 없습니다.

정직하게 우리 자신에게 질문하고 정직하게 대답한다면 우리 모두는 율법에 비추어 보았을 때 의인이 아닙니다. 우리 모두 율법에 비추어 보면 죄인이기 때문입니다. 율법이 아니더라도 우리는 죄 가운데 출생하였고, 죄 가운데 살았습니다. 죄의 일생을 살았다 해도 과언이 아닙니다. 그래서 요한 사도는 말하기를 우리가 죄 없다 하면 스스로 속이는 자라고 하였습니다.

"만일 우리가 죄 없다 하면 스스로 속이고 또 진리가 우리 속에 있지 아니할 것이요"[요한일서 1:8]

결국 우리는 스스로 의로운 자가 될 수 없습니다. 이 말은 우리는 철저한 죄인이며 동시에 우리에게 거룩한 나라에 들어갈 소망이라고는 털끝만큼도 없음을 의미합니다. 이것이 우리의 실상입니다. 그렇다면 우리는 소망 없는 인생으로 끝나야 하는 것입니까? 아닙니다. 그럴 수 없습니다. 성경은 우리에게 죄에서 해방되어 의롭게 되는 길이 있음을 말해 줍니다.

그것은 우리를 의롭게 하시는 분이 있다는 사실입니다. 그분은 바로 "하나님"이십니다. 하나님만이 우리를 의롭게 하시는 것입니다. 하나님을 제외하고는 죄 있는 사람을 의롭게 할 수 있는 분은 아무도 없습니다. 하나님 외에는 누구도 그러한 일을 할 수 없습니다. 하나님은 창조주이십니다. 그리고 우리의 구원주이십니다. 우리를 만드실 뿐 아니라 우리를 구원하실 분은 오직 하나님 한 분입니다. 하나님만이 죄를 다스릴 수 있습니다. 죄는 하나님 앞에서 소멸됩니다.

그러므로 하나님 외에 다른 소망은 없습니다. 우리가 하나님께 돌아오면 하나님은 우리의 불경건함을 보시고 꾸짖고 내쫓지 않으십니다. 사람들은 이해할 수 없지만 하나님의 크신 사랑이 이것을 가능케 합니다. 우리는 한 나라의 대통령이 기념일을 맞이하여 죄인을 사면하면 그가 가진 모든 법적인 죄가 사하여지는 것을 잘 알고 있습니다.

우리의 죄는 오직 만왕의 왕이시며, 만주의 주이신 하나님만이 해결하실 수 있습니다. 하늘과 땅의 왕이신 하나님께서 우리를 용서하시고 의롭다고 하셨는데 누가 아니라고 말할 수 있겠습니까? 오늘도 하나님께 돌아오는 자는 하나님께서 그를 받아 주시고 의롭게 하시고 그에게 세상이 알지 못하고 줄 수 없는 평안을 주십니다. 영원한 죄의 고통에서 해방되어 평안의 자유를 누립니다. 하나님의 의롭다 하심이 이 놀라운 변화를 모두 가져다줍니다. 이것은 다른 사람의 것이 아니라 바로 나의 것입니다. 주님께로 돌아오면 이 모든 복은 내 것이 됩니다.

의롭게 되는 길

경건치 않은 자를 의롭게 하는 일은 오직 하나님에게만 가능합니다. 부패한 죄인이 스스로 의롭게 되는 것은 불가능합니다. 외부의 도움이 없이는 이루어질 수 없습니다. 부패한 인간은 그 어떤 방법으로도 자신을 구원할 수 없습니다. 오직 하나님만이 죄인을 의인으로 변화시켜 주십니다.

그렇다면 하나님께서는 어떻게 죄인을 의롭게 하실 수 있을까요? 공의로우신 하나님이 죄인을 의롭게 하려면 공의에 위반이 되지 않으면서 의를 이루어야 합니다. 이에 대하여 성경은 자세하게 언급하고 있습니다. 로마서 3장 21-26절입니다.

"이제는 율법 외에 하나님의 한 의가 나타났으니 율법과 선지자들에게 증거를 받은 것이라 곧 예수 그리스도를 믿음으로 말미암아 모든 믿는 자에게 미치는 하나님의 의니 차별이 없느니라 모든 사람이 죄를 범하였으매 하나님의 영광에 이르지 못하더니 그리스도 예수 안에 있는 구속으로 말미암아 하나님의 은혜로 값없이 의롭다 하심을 얻은 자 되었느니라 이 예수를 하나님이 그의 피로 인하여 믿음으로 말미암는 화목 제물로 세우셨으니 이는 하나님께서 길이 참으시는 중에 전에 지은 죄를 간과하심으로 자기의 의로우심을 나타내려 하심이니 곧 이 때에 자기의 의로우심을 나타내사 자기도 의로우시며 또한 예수 믿는 자를 의롭다 하려 하심이니라"

죄 문제를 이 땅의 방법으로 해결할 수 없습니다. 인류의 역사가 증거하는 것은 죄악의 역사입니다. 죽이고 또 죽이는 역사입니다. 그리고 그 일은 오늘도 일어나고 있습니다. 이로 인하여 나타난 것이 억압과 지배의 역사입니다. 억압하는 자가 있다는 것은 억압받는 자가 있음을 의미합니다. 지배자가 있다면 피지배가 있습니다. 이러한 역사가 보여주는 것이 무엇입니까? 바로 죄의 지배입니다. 죄가 지배하는 곳에 나타나는 것이 바로 인류가 보여준 피의 역사입니다.

그러나 이것은 단순히 인류의 문제가 아닙니다. 바로 우리 자신의 문제입니다. 우리는 쉴 새 없이 죄의 지배 아래 머물고 있습니다. 부정과 부패의 사슬에 얽매여 있는 것이 바로 우리의 모습입니다. 그러므로 우리 스스로는 구원이란 불가능합니다. 죄를 범한 사람은 정직하게 말할 수 있습니다. 죄가 얼마나 달콤한지 알 것입니다. 그러므로 죄의 자리에 한 번이라도 있었던 사람이 죄의 손에서 빠져나오는 것은 불가능합니다.

그런데 하나님께서 죄 문제의 해결을 위하여 한 방법을 마련하셨습니다. 그것은 이미 구약 시대에 이스라엘 백성들의 죄 문제를 해결하실 때 주신 방법입니다. 바로 속죄의 희생을 통하는 용서입니다. 이스라엘 백성들은 자신이 지은 죄를 용서받기 위하여 속죄 제사를 드려야 했습니다. 하나님은 속죄 제사를 통하여 우리의 죄를 용서하시고 화해하셨습니다.

하나님은 속죄의 희생을 통해서 구원이 가능하게 하셨습니다. 죄 값을 치르고 죄를 사하여 주신 것입니다. 그래서 동물을 통하여 속죄제를 드리게 하였습니다. 하나님은 이러한 속죄제를 통하여 이스라엘의 죄를 용서하여 주셨습니다. 이것이 의로우신 하나님의 방법입니다.

하나님은 이미 알려 주신 방법대로 우리의 죄를 위하여 속죄 제물로 독생자 예수 그리스도를 정하셨습니다. 아무 죄도 없으신 예수님께서 우리의 모든 죄를 짊어지시고 속죄 제물이 되셨습니다. 죄인인 우리는 결코 하나님의 영광에 이를 수 없는데 하나님께서 우리와 하나가 될 수 있도록 예수님을 화목제물로 세우셨습니다. 하나님은 예수 그리스도의 피를 보시고 우리의 죄를 용서하셨습니다. 그리고 동시에 그의 피로 인하여 우리를 의롭다고 인정하셨습니다. 우리가 의롭게 된 것은 전적으로 하나님의 은혜입니다. 우리는 그 은혜로 인하여 값없이 의인이 되었습니다.

하나님께서 죄 값을 없애지도 않으시고 공의의 칼끝을 무디게 하지도 않으시면서 어떻게 의롭고 자비롭게 그분에게 돌아오는 자를 의롭게 하실 수 있는지 이해하셨습니까? 비교할 수 없는 영광의 인성을 가지신 하나님의 아들 예수 그리스도께서 내가 이루어야 할 율법의 요구를 이루셨으며, 그 결과로 하나님께서 나의 죄를 지나칠 수 있게 된 것입니다.

하나님의 율법은 그리스도의 죽음으로 성취되었는데, 이것은 율법을 어긴 죄인 모두를 지옥에 보낸다고 해도 이루어질 수 없었던 것입니다. 왜냐하면 인류의 죄를 위하여 하나님의 아들이 고난받으신 것은 온 인류가 고난당하는 것보다 더욱더 영광스러운 하나님의 통치의 성취이기 때문입니다.[3]

예수 그리스도가 우리를 위하여 죽으셨습니다. 우리의 죄를 짊어지고 저주의 십자가를 지셨습니다. 이 땅의 기적 중의 기적이 있다면 예수님께서 우리를 위하여 죽으신 사건입니다. 예수 그리스도의 죽으심은 역사적 실재입니다. 우리의 죄는 역사 가운데 이루어진 실재 사건입니다. 그러므로 우리의 죄는 예수 그리스도의 십자가에서 사라졌습니다. 누구든지 예수 그리스도 안에 있으면 죄의 형벌에서 구출됩니다. 영원한 구원이 우리 가운데 이루어집니다. 이처럼 감격스러운 것이 어디 있습니까? 우리가 아무 일도 하지 않았는데 그리스도께서 우리를 위하여 죽으셨습니다. 이제 예수 그리스도를 믿고 그분 안에 있으면 누구든지

---

3   찰스 스펄전, 56.

죄의 문제를 해결받습니다.

그렇다면 그분을 믿는다는 것이 무엇입니까? 그것은 곧 "그분은 하나님이시며 구세주이시다"라고 고백하는 것뿐만 아니라 그분을 완전히 전적으로 신뢰하며, 지금부터 그분을 영원한 당신의 주와 주인으로서, 당신의 전부로서 영접하는 일입니다. 이렇게 되면 우리 주님이 주시는 놀라운 은혜를 누리게 됩니다. 은혜는 그리스도 안에 있습니다. 그러므로 바울은 오직 예수 그리스도의 십자가만을 자랑한다고 하였습니다.

> "그러나 내게는 우리 주 예수 그리스도의 십자가 외에 결코 자랑할 것이 없으니 그리스도로 말미암아 세상이 나를 대하여 십자가에 못 박히고 내가 또한 세상을 대하여 그러하니라"[갈라디아서 6:14]

우리의 삶의 모든 문제의 해결은 십자가에 달리신 예수 그리스도께 있습니다. 이것이 정직한 사람들의 고백입니다. 이 땅에 그 누구도 우리의 더러운 죄의 속성을 해결할 수 없습니다. 오직 예수 그리스도만이 우리의 죄를 깨끗하게 할 수 있습니다. 그러므로 우리의 삶의 행복은 예수 안에 있는 것입니다. 그분만이 우리의 평안입니다. 이 평안이 지금 당신 안에 있습니까?

1. 율법에 비추어 자신이 죄인이라는 사실을 얼마나 깨닫고 있습니까?

2. 사람들은 누가 죄인이라고 생각하며 살아가고 있습니까?

3. 하나님께서 죄인을 의롭게 만드신 방법은 무엇입니까?

4. "예수 그리스도를 믿는다" 이 신앙고백의 의미가 무엇입니까? 이 신앙고백이 당신의 삶에는 어떤 의미가 있습니까?

"새 영"은 하나님께서 우리에게 주신 선물입니다. 모든 것의 주인이신 하나님께서 우리에게 주신 약속입니다. 이 약속은 결코 파기되지 않습니다.

4장

인간의 본성이 변화될 수 있을까요?

　믿음으로 받는 칭의는 이해하면서도 여전히 죄에서 벗어나지 못하는 문제로 괴로워하는 사람들이 있습니다. 성경은 그리스도의 삶에 대한 분명한 명령에서 거룩한 삶을 살 것을 말하고 있습니다. 하나님의 뜻은 우리의 거룩함입니다.(데살로니가전서 4:3) 거룩함이 없이는 하나님을 영화롭게 할 수 없기 때문입니다. 그러므로 거룩함은 성도가 가는 최상의 목표입니다. 거룩함이 있을 때 참된 평안이 있습니다. 그런데 우리의 삶을 보면 거룩한 삶을 위한 표시보다는 추한 삶이 끊임없이 다가오는 것을 볼 수 있습니다.

　또한 "예수님은 "화평케 하는 자는 복이 있나니 저희가 하나님의 아들이라 일컬음을 받을 것이라" 말씀하셨습니다.[마태복음 5:9] 그리스도인의 삶은 예수님을 따라 평화를 만드는 일입니다. 그러나 우리의 일상에서 볼 수 있는 것은 평화가 아니라 분열입니다. 시기와 질투와 미움과 다툼이 자연스럽습니다. 입술로는 평화를 말하지만 삶으로는 다툼을 즐깁니다. 이것이 씁쓸하기 그지없는 우리의 모습입니다.

우리 안에 있는 옛 성품을 알기에 다스리려고 애쓰지만 늘 패배하는 우리의 모습을 볼 수 있습니다. 바울은 이러한 자신을 한탄하였습니다. "오호라 나는 곤고한 사람이로다 이 사망의 몸에서 누가 나를 건져내랴"[로마서 7:24] 이것은 우리 모두의 탄식입니다. 부패한 육신을 입은 인간은 처절하리만큼 절망적인 존재입니다. 반복되는 불안과 두려움을 가지고 살아갑니다. 평안을 찾으나 얻을 수 없는 것이 육신을 입고 사는 인간의 실존입니다. 하나님의 은혜로 구원을 받아 새 생명을 입었지만 여전히 육신에 갇혀 있기에 이생의 자랑과 육신의 정욕과 안목의 정욕과 싸워야 합니다. 하지만 우리는 자주 옛 성품에 무너지는 것을 경험합니다. 그때 그 고통이란 이루 말할 수 없습니다. 이러한 상황에서 우리는 어떻게 살 수 있습니까? 어떻게 해야 지속적으로 다가오는 죄에서 탈출하여 하나님이 주시는 평안을 누릴 수 있습니까?

우리 스스로 자신을 고칠 수는 없다

성화 없는 칭의는 모든 면에서 구원이 아닙니다. 그런 것은 마치 암 환자를 치유한다고 부른 후에 그 병으로 죽게 내버려 두는 것과 같습니다. 이것은 수술을 잘 하였지만 치료를 방치하여서 결국 얼마 안 되어 세균이 넘치게 되어 위태롭게 만드는 것입니다. 또한 반역자를 용서해 준다고 부른 후에 적군에게 내어주는 것과 같습니다.

그러나 주 예수께서 세 가지 모습에서 죄를 제거하셨다는 것을 기억해야 합니다. 그분이 이 땅에 오신 것은 죄의 형벌과 죄의 능력과 마지막으로 죄의 존재를 제거하기 위해서였습니다.[4] 죄의 형벌과 죄의 능력은 예수 그리스도를 믿는 순간 해결됩니다. 그런 후에 죄의 존재를 해결하는 자리로 나가야 합니다. 그러나 이 문제는 결코 쉽지 않습니다. 그래서 많은 사람들이 괴로워하고 슬퍼하는 것입니다. 죄의 존재가 계속되는 한 참된 평안을 누리지 못합니다. 죄는 어떻게 해서든지 성도로 하여금 평안의 자리에 가까이하지 못하도록 막고 있습니다. 그러나 여기에 소망이 있습니다. 죄의 능력과 당신의 본성의 경향성 때문에 괴로워하는 이들을 향한 약속이 있습니다. 이 약속을 믿는 자에게 평안의 길이 있습니다. 왜냐하면 이것은 모든 문제를 해결하는 하나님의 확실한 약속이기 때문입니다. 에스겔 36:26에서 이렇게 말씀하셨습니다.

"또 새 영을 너희 속에 두고 새 마음을 너희에게 주되 너희 육신에서 굳은 마음을 제하고 부드러운 마음을 줄 것이며"

"새 영"은 하나님께서 우리에게 주신 선물입니다. 모든 것의 주인이신 하나님께서 우리에게 주신 약속입니다. 이 약속은 결코 파기되지 않습니다. 하나님은 우리의 본성을 변화시킬 수 있는 전능하신 분입니다. 굳은 마음을 제하고 부드러운 마음을 주실 수 있는 분이십니다. 이 변화는 우리 스스로는 불가능합니다. 사람의 어떤 노력으로도 할 수 없습니다. 하지만 하나님은 가능합니다. 하나님께 가까이 가면 하나님께서 우리의 전 존재를 바꾸십니다. 하나님께 맡기면 이

---

4   찰스 스펄전, 66.

뤄집니다. 그러기에 구원은 전적인 하나님의 은혜입니다.

인류 역사는 사람을 바꾸기 위해서 많은 노력을 하였습니다. 교육을 하는 일이 바로 그러한 이유 중 하나입니다. 그러나 교육이 무한한 발전이 있었지만 사람의 본성은 변화시키지 못했습니다. 오히려 많이 배운 이들이 더욱 지능적으로 부정과 부패를 일삼는 것을 볼 수 있습니다. 전적으로 타락하고 부패한 본성은 그 어떠한 교육과 철학으로도 바꿀 수 없습니다. 이것이 역사가 우리에게 증언하고 있는 일입니다. 물론 교육의 무용성을 말하는 것이 아닙니다. 교육은 중요합니다. 교육을 통하여 세상은 발전하였습니다. 인간의 지식도 발전하였습니다. 인간의 문명은 교육의 열매라고 할 수 있습니다.

하지만 이러한 인류 문명에 지대한 영향을 주고 있는 교육이라도 사람의 본성을 바꿀 수 없습니다. 인간의 사악한 마음은 심하면 심했지 순해지지 않았습니다. 교육이 약간의 완충작용을 해 준 것은 사실입니다. 그러나 교육은 죄 문제를 해결할 수는 없습니다. 시간이 가고 문명이 발전할수록 비례하여 늘어나는 것이 죄의 다양성입니다. 참으로 참혹한 죄악들이 나타나고 있습니다. 이 모든 것이 우리에게 말하는 것은 인간의 그 어떤 노력도 결코 인간의 죄된 본성을 바꿀 수 없다는 증언입니다.

그런 의미에서 우리의 현실은 정직하게 말해서 절망스러운 상태입니다. 죄에 대하여 사방으로 포위를 당하고 있는 형국입니다. 온갖 죄악들이 더욱 지능적으로 우리를 유혹하여 죄의 자리에 서게 합니다. 더욱 무서운 것은 죄가 죄인지 인식하지 못하는 무감각의 죄와 무관심의 죄입니다. 진리에 대하여 관심이 없습니다. 온갖 난잡한 놀이들이 난무하고 있지만 죄로 인식하지 않습니다. 가볍게 즐기며 살아갑니다. 나에게 피해만 없으면 모든 것에 침묵합니다. 그래서 온갖 막말이 공공의 장소에서 나타나도 그것을 즐길 뿐 막지 않습니다. 이것이 우리가 살고 있는 절망스러운 현실입니다. 그렇다고 소망이 없는 것이 아닙니다. 비록 보이는 세상은 소망이 없지만, 보이지 않지만 함께하시는 하나님의 뜻이 우리에게 있습니다.

한 길

하나님은 예수 그리스도를 통하여 우리에게 한 길을 알려 주셨습니다. 그것은 전적으로 예수 그리스도께 의존하는 일입니다. 우리 자신을 주님께 맡기면 주님께서 절망스러운 우리의 상태를 희망의 상태로 바꾸어 주십니다. 이것이 우리를 향하신 하나님의 약속입니다. 우리 자신을 하나님의 신성한 사역에 맡긴다면 주님께서는 우리의 본성을 바꾸십니다. 우리의 옛 본성을 복종시키시고 우리 안에 새로운 생명을 불어넣어 주십니다. 그러므로 주 예수 그리스도를 온전히 신뢰해야 합니다. 주님께서 우리의 몸과 마음에 새로운 변화를 창조하여 주십니다.

사람이 변화되는 것만큼 어려운 것이 없습니다. 그러나 하나님의 손에 들어가면 딱딱한 돌이라 할지라도 변화됩니다. 강퍅한 성품으로 노예선 선장이었던 존 뉴턴이 하나님의 손에 들어가자 온순한 양이 되어 온전한 변화를 누렸습니다. 도저히 변화될 것 같지 않은 이들이 그리스도의 사랑에 거할 때 놀라운 변화를 경험하게 됩니다. 이 모든 것은 예수 그리스도를 철저하게 신뢰할 때 이루어집니다. 그러므로 우리가 할 수 있는 최상의 방법은 철저하게 우리 주님의 손에 우리 자신을 맡기는 일입니다. 온전히 신뢰하면 우리 주님께서 우리의 굳은 것을 부드럽게 하여 주십니다. 비로소 죄악의 자리에서 벗어나는 평안을 누리게 됩니다.

1. 여전히 죄의 문제로 괴로워하고 있는 다른 지체를 어떻게 위로할 수 있을까요?

2. 이 세상은 사람을 바꾸기 위해 많은 노력을 합니다. 그럼에도 사람을 바꾸는 일에 실패하고 있습니다. 그 이유는 무엇일까요?

3. "하나님은 사람을 변화시키신다"는 말은 어떤 의미일까요?

4. 당신에게는 본성이 변화된 경험이 있습니까? 그 경험을 서로 나누시기 바랍니다.

구원은 하나님이 하시는 것이고 하나님이 구원하셨으면 그것 때문에 그
의 영혼의 기능에는 믿음이라는 확실한 능력의 작용이 있어서 다른 사람
앞에 구원받은 자라는 것을 증거하기도 하고 구원받은 자로서 하나님과
의 관계가 구원받지 못한 이 세상 사람과는 어떻게 다른가를 증거하기도
합니다.
- 김홍전

5장

구원이 은혜임을 아십니까?

"너희가 그 은혜를 인하여 믿음으로 말미암아 구원을 얻었나니"[에베소서 2:8]

성경은 "너희가 은혜로 구원을 받았다"고 말씀합니다. 하나님이 은혜로우셔서 죄인들이 용서받고 회심하며 정결케 되고 구원받은 것입니다. 이 말은 성도들의 어떠한 노력으로 이루어진 것이 아니라 오직 하나님의 은혜로 되어졌음을 의미합니다. 이 사실을 분명하게 인식하는 것이 중요합니다. 그렇지 않으면 구원에 대한 바른 이해에 도달할 수 없습니다.

믿음은 구원의 통로이다

그리스도인은 예수님의 은혜로 말미암아 믿음으로 구원을 받은 사람들입니다. 믿음은 구원받음의 조건이 아니라 은혜가 우리에게 임하는 통로입니다. 그러나 믿음이 없이는 결코 은혜의 자리에 이르지 못합니다. 그러므로 믿음이 필요합니다. 그런데 이 믿음 역시 하나님이 주시는 것입니다. 하나님께서 우리에게 믿음을 주셔서 은혜로 말미암아 주어지는 구원을 누리게 합니다. 이것이 예수 믿는 이들의 참된 모습입니다.

은혜에 대한 바른 이해가 없다면 우리는 구원의 통로인 믿음에만 몰두하여 믿음의 원천과 근원인 은혜에 대해서 잊어버리는 잘못에 빠지게 됩니다. 믿음은 우리 안에서 행하시는 하나님의 사역입니다. 성령에 의하지 않고서는 아무도 예수님을 그리스도라고 고백할 수 없습니다. 그러므로 그리스도를 믿는 믿음도 하나님께서 이끄신 결과입니다. 은혜는 구원의 첫 번째와 마지막의 원인입니다. 그리고 믿음은 필수적이지만 은혜에서 비롯되었습니다. 이렇게 구원은 "믿음"을 통하여 "은혜"로 얻는 것입니다.

구원은 은혜이다

은혜라는 단어는 헬라어 "카리스"로 아무 공로 없는 자에게 하나님이 일방적으로 베푸시는 선물입니다. 단순히 공로와 관계없이 베풀어 주시는 호의가 아닙니다. 진노를 받아 마땅한 죄인들에게 베풀어 주시는 호의입니다.[5] 이렇듯 은혜는 자격 없는 죄인들의 삶에 주권적으로 역사하시는 거룩하신 하나님이 거저 주시는 자비로운 영향입니다.[6]

---

5   존 맥아더, 『구원이란 무엇인가?』, 송용자 역 (서울: 부흥과개혁사, 2008), 82.

6   존 맥아더, 82-83.

그런 의미에서 구원은 하나님의 은혜입니다. 우리가 구원을 받음은 바로 하나님의 주권적인 은혜입니다. 우리의 믿음은 그 은혜를 받아들이는 것입니다. 그러므로 견고한 믿음이란 하나님의 은혜가 흔들리지 않는 것이며 오히려 더욱 풍성해지는 것입니다. 이 사실이 매우 중요합니다. 일부 이단들은 자꾸 구원의 진리를 왜곡시키려고 합니다. 로마 가톨릭은 은혜에 선행을 첨가합니다. 그러나 성경은 결코 그렇게 말하지 않습니다. 에베소서 2장 8-9절은 이 사실을 아주 명백하게 말하고 있습니다. 믿음은 우리의 반응이지 구원의 원인이 아닙니다.[7] 믿음도 하나님의 선물입니다. 믿음은 철저하게 구원하시는 하나님의 선물일 뿐입니다. 인간의 어떤 행위로도 구원에 이를 수 없습니다. 이 부분은 다음에 좀 더 자세하게 살펴볼 것입니다.

또한 진리를 왜곡하는 무리들 가운데 구원의 시간을 묻고 모르면 구원받지 못하였다고 현혹하는 구원파 집단이 있습니다. 구원은 하나님의 주권적인 선물입니다. 우리는 그 시간을 알 수도 있고, 모를 수도 있습니다. 그러나 구원의 시간을 아는 것이 중요한 것이 아니라 구원받음에 대한 확신과 열매가 중요합니다. 선물로 주신 구원은 열매로 알 수 있습니다. 구원은 하나님의 때에 하나님이 주시는 것입니다. 그러므로 구원의 시간에 얽매일 필요가 없습니다.

그렇다면 이렇게 베푸시는 은혜의 모습과 열매는 무엇입니까? 하나님의 은혜는 두 가지 사실에 기초합니다. 그것은 풍성하신 하나님의 긍휼과 하나님의 크신 사랑입니다. 즉 긍휼과 사랑입니다. 긍휼은 히브리어로 "헤세드"입니다. "헤세드"는 구약에서 매우 중요한 단어입니다. 이 말은 사람에 대한 하나님의 사랑이 외적으로 보인 것을 말하며, 받을 자격이 없는데도 하나님께서 사람들에게

---

7   존 맥아더, 99.

인자를 베푸시는 것입니다. 구약의 성도들은 하나님의 긍휼에 의지하여 자신의 죄악을 용서받기를 간구하였습니다. 시편 51편 1절입니다.

> "하나님이여 주의 인자를 좇아 나를 긍휼히 여기시며 주의 많은 자비를 좇아 내 죄과를 도말하소서"

또한 하나님의 은혜는 하나님의 사랑에 근거합니다. 사랑은 "아가페"입니다. 즉 무조건적 사랑입니다. 이 사랑이 바로 하나님의 은혜의 모습입니다. 우리는 이 세상 풍속을 좇는 자였습니다. 죄악 속에 살던 자입니다. 결코 거룩한 하나님 앞에 나아갈 수 없습니다. 영원한 형벌만이 우리의 종말이었습니다. 그런데 그러한 우리에게 하나님의 긍휼과 사랑으로 은혜를 베푸셨습니다. 우리는 아무 할 일이 없었습니다. 오직 죽음만 기다리는 자였습니다. 영적 송장이 무슨 소망이 있습니까? 그런데 우리에게 소망을 주셨습니다. 우리의 아무 공로 없이 우리를 구원하셨습니다. 우리로 하여금 하나님의 자녀로 살게 하였습니다. 이것이 우리의 모습입니다. 하나님의 긍휼과 사랑이 우리에게 임한 것입니다.

그러므로 우리가 늘 바라보아야 할 분은 예수 그리스도입니다. 무엇보다도 예수 안에 있어야 합니다. 이것이 은혜로 구원받는 자의 삶입니다. 우리는 종종 우리의 현재의 모습을 보고 하나님의 은혜를 망각할 때가 있습니다. 물론 구원 얻는 믿음이 있어야 합니다. 믿음이 없이는 구원을 말할 수 없습니다. 그러나 구원은 믿음으로 얻는 것이 아니라 오직 하나님의 은혜입니다. 다만 은혜의 사건은 믿음을 통하여 구원에 이르게 합니다. 그러기에 어떠한 행위를 통하여 구원이 이루어지는 것은 아닙니다. 바울은 "구원은 너희에게 난 것이 아니라"라고 분명히 선언합니다. 구원은 우리의 행위로 이루어지지 않습니다. 그러므로 누구든지 구원받음에 대하여 자랑할 수가 없습니다. 디모데후서 1장 9절은 구원이 하나님의 은혜로 이루어진 것은 영원한 하나님의 계획임을 분명히 말하고 있습니다.

> "하나님이 우리를 구원하사 거룩하신 부르심으로 부르심은 우리의 행위대로 하심이 아니요 오직 자기 뜻과 영원한 때 전부터 그리스도 예수 안에서 우리에게 주신 은혜대로 하심이라"

하나님을 위한 우리의 행위와 공로는 비교의 대상이 될 수도 없습니다. 그러기에 교만은 하나님 나라에서 가장 불행한 모습입니다. 교만은 결코 하나님의 나라에 합당하지 않습니다. 누구라도 교만을 가지고 있다면 천국은 그와는 아무 관계가 없습니다. 구원 얻기 위한 우리의 노력은 어떤 것도 필요 없습니다. 만약 우리의 노력이 필요하다면 우리는 이미 멸망의 자리에 있는 자입니다. 그러므로 구원에 대한 오해와 흔들림이 없어야 합니다. 오직 하나님의 은혜만이 우리를 구원의 자리로 인도하여 주십니다. 하나님의 은혜를 믿음으로 받아들이면 구원은 우리에게 이루어집니다. 이것이 바로 복음입니다. 성경이 말하는 구원이 무엇인지 바르게 인식하는 것이 얼마나 중요한지 모릅니다. 김홍전 목사는 이에 대하여 잘 설명하였습니다.

> "성경은 믿음을 대가로 멸망을 면케 되고 영생을 얻는다는 관념을 절대로 가르치지 않는다. 믿음이란 이 세상을 사는 동안에 어떤 실질적인 능력이 그 사람에게 있다는 것을 표시하는 것뿐입니다. '믿으면 구원받는다'는 말은 구원의 사실이 거기 있다는 것을 실증해주는 구체적인 내용이 바로 믿음이라는 의미입니다. 믿음이 네게 있으니까 그것을 자본 삼

아서 구원을 취득할 수 있다든지 그것과 바꾸어서 구원을 네게 오게 할 수 있다는 말이 아닙니다. '믿음은 하나님께서 성도에게 단번에 주시는 것'이라는 유다서 1:3절의 말씀에서 보듯이 믿음은 하나님께서 성도에게 주셔서 그것으로 구원받았다는 사실을 확인하고 확신하게 한다는 것입니다. 구원은 하나님이 하시는 것이고 하나님이 구원하셨으면 그것 때문에 그의 영혼의 기능에는 믿음이라는 확실한 능력의 작용이 있어서 다른 사람 앞에 구원받은 자라는 것을 증거하기도 하고 구원받은 자로서 하나님과의 관계가 구원받지 못한 이 세상 사람과는 어떻게 다른가를 증거하기도 합니다."[8]

"믿으면 구원받는다"는 말에서 구원의 사실이 거기 있다는 것을 실증해 주는 구체적인 내용이 바로 "믿음"이라는 말과 "믿음은 하나님께서 성도에게 주셔서 그것으로 구원받았다는 사실을 확인하고 확신하게 한다는 것"을 기억해야 합니다. 이것이 구원은 은혜로 말미암아 믿음으로 얻는 것이라는 가르침입니다. 구원의 기쁨을 누릴 수 있는 것은 전적인 하나님의 은혜임을 항상 기억해야 합니다.

---

8 김홍전, 『구원의 신앙』, (서울: 성약출판사, 2000), 14-15.

1. 믿음이 구원의 통로라 할 때, 그 의미가 무엇입니까?

2. 구원 얻기 위한 노력이 필요합니까? 만약 우리의 노력이 필요하다면 얼마나 필요한 것일까요? 반대로 우리의 노력이 필요 없다면, 그 이유는 무엇일까요?

3. 하나님의 은혜를 믿음으로 받아들이면 구원은 우리에게 이루어진다는 사실을 어떻게 생각하십니까?

4. 구원은 하나님의 은혜로 주어진 선물입니다. 이 사실이 당신에게 어떤 위로를 주고 있습니까?

믿음은 도구요, 통로입니다. 즉 구원이 믿음으로 말미암는 하나님의 의의
방식을 따르는 것입니다. 그러므로 믿음의 선물을 가진 사람만이 믿음으
로 말미암은 예수 그리스도의 의를 볼 수 있습니다.

6장
믿음으로 구원받나요?

앞에서 믿음이 구원에 있어서 어떤 역할을 하는 것인지 자세하게 다룰 것이라 하였습니다. 이제 이어지는 두 장을 통해서 믿음을 좀 더 깊이 있게 다루려고 합니다. 구원에 이르는 믿음을 바르게 이해하는 것이 중요합니다. 그렇지 않으면 구원에 대하여 오해할 수 있습니다. 구원에 이르는 믿음에 있어서 믿음의 역할은 무엇일까요? 믿음은 경로나 수로의 역할을 합니다. 은혜는 근원이며 샘입니다. 믿음은 은혜의 물이 흘러가는 통로와 같은 것으로, 이 통로를 통해서 흐르는 물로 목마른 사람이 생기를 얻게 됩니다. 이 통로가 파괴되는 것은 큰 슬픔입니다.[9]

믿음에 대한 바른 이해를 가지고 있지 않으면 믿음이 구원에 이르는 통로가 될 수 없습니다. 구원은 어떠한 행위로도 이루어질 수 없습니다. 구원은 오직 하

---

9   찰스 스펄전, 80.

나님의 은혜로만 주어집니다. 믿음은 은혜를 받는 그릇이며 통로일 뿐입니다. 믿음은 구원의 원천이 아닙니다. 믿음 그 자체가 우리를 구원하지 않습니다. 참된 구원은 예수 그리스도를 바라봄입니다. 믿음이 왜 구원의 통로로 사용되었는지는 다음 장에서 자세하게 다룰 것입니다.

구원의 능력이 누구에게 있는가?

그런데 여기서 종종 혼동하는 것이 하나 있습니다. 그것은 바로 구원의 능력이 누구에게 있는가? 하는 문제입니다. 즉, 구원이 나의 믿음으로 얻는 것인지 전적인 하나님의 은혜인지 하는 문제입니다. 여기서 우리는 분명하게 확립해야 합니다. 구원의 능력은 하나님께 있지 나의 믿음에 있지 않습니다. 이것을 바르게 알지 못하면 믿음주의가 생기기도 하고, 믿음의 행위를 강조하기도 합니다. 그러나 믿음이 결코 우리를 구원에 이르게 할 수 없습니다. 오직 구원에 이르게 하는 것은 하나님의 은혜입니다. 믿음은 이 하나님의 은혜가 나에게 임하게 하는 통로입니다.

믿음의 의는 믿음 자체의 탁월한 도덕성에 있지 않고 믿음의 근거가 되는 예수 그리스도의 의에 있습니다. 우리 영혼 안에 있는 평화는 우리 자신의 믿음을 묵상함으로써 오는 것이 아니라 우리의 평화 되시는 분으로부터 옵니다. 구원의 능력은 전적인 하나님의 은혜입니다. 결코 우리의 행위나 공로 혹은 믿음의 분량에 따라 이뤄지는 것이 아닙니다.

믿음은 모든 사람에게 존재하지 않습니다. 그것은 전체 인류들이 다 지니고 있는 어떤 주관적인 소유가 아닙니다. 또한 믿음은 그저 어떤 가정 위에서 행동하는 것이나, 모든 것이 으레 잘 되겠지 하고 여기는 긍정의 힘이 아닙니다. 성경은 믿음이 모든 사람에게 있지 않고 오직 그리스도 안에서 발견된다고 말합니다. 그리고 그리스도는 이 믿음을 통하여 자신의 의를 전달하십니다.

또한 '믿음으로'라는 말은 믿음이 구원의 조건이 아니라는 말입니다. '믿음으로'라는 말은 사람 안에 있는 어떠한 공로도 부정합니다. 믿음은 우리의 의를 구성하는 도구에 불과합니다. 즉 우리가 의롭다고 여김을 받는 것은 그리스도의 의 때문입니다. 그런데 그 의가 믿음으로 말미암아 나에게 미칩니다. 믿음은 도구요, 통로입니다. 즉 구원이 믿음으로 말미암는 하나님의 의의 방식을 따르는 것입니다. 그러므로 믿음의 선물을 가진 사람만이 믿음으로 말미암은 예수 그리스도의 의를 볼 수 있습니다. 그것을 아는 것은 믿음을 가진 사람뿐이고 그것을 받아들이고 즐거워합니다.

믿음의 구조

그렇다면 믿음이란 무엇일까요? 믿음은 세 가지로 이루어져 있습니다. 지식, 동의(확신), 신뢰입니다.[10] 믿음에 있어서 지식이 맨 먼저 옵니다. 성경은, "듣지도 못한 이를 어찌 믿으리오."라고 말합니다. 지식은 믿음에 있어서 없어서는 안 될 것입니다. 그러므로 지식을 얻는 것이 중요합니다. 옛 선지자는 "너희는 귀를 기울이고 내게 나아와 들으라. 그리하면 너희 영혼이 살리라"라고 말했습니다.[11]

하나님의 아들이시고 우리의 구세주이신 예수 그리스도에 대하여 잘 아시기

---

10   루이스 벌코프, 『조직신학』, 권수경, 이상원 역 (고양: 크리스챤다이제스트:경기, 1993), 754-756.

11   찰스 스펄전, 85.

바랍니다. 예수 그리스도께서는 인성은 우리와 같지만, 하나님이십니다. 그러므로 이 말은 예수께서 하나님과 인간 사이의 중보자가 되시며, 양쪽으로 손을 뻗으셔서 죄인과 모든 만물의 심판자 사이에 다리를 놓으실 수 있다는 뜻입니다. 특별히 "그리스도의 희생에 대한 교리와 그리스도의 대속의 교리"에 대하여 깊이 알고 묵상해야 합니다.[12] 이 부분에 있어서 다음에 좀 더 자세하게 살펴볼 것입니다. 이곳에서는 믿음과 지식과의 관계를 살피고자 합니다. 그렇다면 믿음과 지식과의 관계는 어떻게 설명할 수 있습니까?

우선 믿음은 스스로 자라지 않음을 알아야 합니다. 우리가 종종 오해하는 것 가운데 하나가 바로 믿음의 자동성입니다. 이것은 믿음은 연수에 따라 자동적으로 주어진다는 생각입니다. 시간만 지나면 믿음은 자동적으로 생겨난다는 자세는 가장 헛된 모습 가운데 하나입니다. 믿음은 결코 자동적으로 주어지지 않습니다. 예수님께서 제자를 부르시고 3년 동안이나 훈련시켰습니다. 그래도 온전하지 못하였습니다. 부활하신 주님을 보았을 때 비로소 사명을 감당할 수 있었습니다. 믿음은 시간만 지나면 저절로 주어진다는 것은 거짓입니다. 신앙과 경험은 다릅니다. 우리는 얼마든지 나이 많은 어른들께 삶의 지혜를 배울 수 있습니다. 그러나 복음은 배울 수 없습니다.

믿음은 성령께서 말씀을 통하여 우리에게 알려 주실 때 자라납니다. 말씀을 씹어 먹을 때 자라납니다. 말씀 없이 결코 믿음의 성장은 없습니다. 그러나 믿음의 성장은 말씀만으로 끝나지 않습니다. 말씀이 알려 주신 대로 기도가 있어야 합니다. 기도하지 않고서 성경을 읽을 수 없고, 성경을 읽고서 기도하지 않을 수 없습니다. 더구나 말씀과 기도는 믿음을 자라나게 하는 가장 기초입니다. 기초

12 　찰스 스펄전, 86.

가 튼튼하면 잘 자라게 되어 있습니다.

우리가 자라야 할 고지는 그리스도의 장성한 분량입니다. 즉 그리스도의 수준에 이르는 것이 우리에게 주어진 사명입니다. 믿음의 수준은 매우 높습니다. 이 것은 우리에게 겁먹으라는 것이 아닙니다. 믿음은 한순간에 이루어지는 것이 아님을 분명하게 말씀하는 것이며 주님 오시는 그 날까지 믿음은 자라나는 것임을 의미하는 것입니다.

둘째, 믿음은 확신 있는 지식에서 나옵니다. 믿음은 순종의 근원이며 이것은 우리의 일상생활에서 선명하게 발견할 수 있습니다. 믿음이 견고한 신앙인은 반드시 영향력 있는 삶을 삽니다. 믿음은 삶의 답을 가지고 있음을 의미하기 때문에 허공을 치는 인생이 아니라 푯대를 향하여 달려가는 삶을 살아갑니다.

믿음은 단지 구호가 아니라 내용입니다. 내용이 없는 믿음은 거짓이거나 모래 위에 쌓은 집과 같습니다. 그래서 바람이 불거나 비가 오면 여지없이 무너지듯이 고난과 이단의 유혹이 오면 한순간에 사라집니다. 그러므로 내용이 없는 믿음은 믿음이라 말할 수 없습니다. 믿음은 반드시 그 내용을 가지고 있습니다. 그런 의미에서 믿음과 지식은 두 개의 바퀴와 같습니다. 내용 없는 믿음이 허공을 친다면, 믿음 없는 지식은 구원과 아무 관계없습니다. 그러므로 바른 믿음은 반드시 견고한 지식을 수반합니다. 무엇을 믿는지에 대한 고백이 있을 때 믿음은 그 힘을 나타냅니다.

그런데 이렇게 고귀한 믿음은 확신 있는 지식에서 나옵니다. 이 믿음은 은혜 안에서 성장합니다. 그리고 마침내 그 열매를 나타냅니다. 믿음이 제대로 작동하려면 믿는 내용이 선명하여야 합니다. 우리가 시편이나 혹은 선지서들을 보면 참된 믿음이 무엇인지 알 수 있습니다. 하나님에 대한 무한한 고백이 그 믿음을 증거합니다. 또한 사도들의 자격을 예수 그리스도의 부활을 목격한 사람에 한정한 것도 지식 없이 믿음 없음을 보여줍니다.

믿음의 두 번째 요소는 동의 또는 확신입니다. 이것은 진리와 신앙의 대상의 실제를 깊이 확신하고, 이것이 자신의 생활에서 주요한 욕구들을 충족시켜 주는 것을 깨닫고, 신앙에 열렬한 관심을 자각하는 신앙입니다.[13] 믿음의 확신은 지식과 구별하기는 쉽지 않지만 믿음의 능동적인 측면이라 할 수 있습니다. 여기에 존 오웬은 확신을 "복음을 통해 제시된 하나님의 구원 방식이 믿는 사람 각각을 구원하기에 적합하고 적당하며 유력하다는 사실에 대한 만족스러운 확신"[14]이라고 하였습니다. 즉, 믿음은 하나님이 계신 것과 또한 간절히 부르짖는 자의 간구를 들으신다는 사실에 대한 확신입니다. 지식에 대한 능동적인 고백과 실행 확신입니다.

그런데 믿음으로 의롭다 함을 받는 확신이 오늘날 더욱 중요해졌습니다. 칭의에 대한 이견들이 사람들에게 혼동을 주고 있습니다. 영국의 성공회 신학자인 톰 라이트에 의하여 전통적 칭의론이 공격받고 있습니다. 칭의가 유보되었다는 사상은 성경이 보여주는 법정적 칭의를 약화시키고 관계적 칭의를 강조하고 있습니다.[15] 그러다 보니 우리의 구원의 확신을 가질 수 없게 되었습니다.

신앙의 정수

온전한 믿음을 가지기 위해서는 반드시 신뢰가 있어야 합니다. 지식과 동의와

---

13   루이스 벌코프, 756.

14   존 오웬, 『참된 믿음의 특성과 능력』, 이태복 역, (서울: 개혁된 신앙사, 2002), 73.

15   고경태 외, 『현대 칭의론 논쟁』, (서울: CLC, 2017)을 참조 바랍니다.

신뢰가 함께할 때 참된 믿음이 주어집니다. 신뢰는 하나님께 자신을 맡김입니다. 우리의 삶을 그리스도의 십자가 앞에 내려놓음입니다. 벌코프는 신뢰가 신앙의 요소 중 정수라고 하였습니다.[16] 이것은 모든 신적 지혜와 은혜가 예수 그리스도에 의해서 집행되어 우리에게 영생과 구원을 주기 때문에 영생과 구원을 얻고자 오직 예수 그리스도만을 신뢰하는 것 바로 이것이 그리스도를 믿는 것입니다.[17] 이러한 내용을 분명하게 확신하는 것이 바로 믿음입니다.

존 오웬 역시 믿음이 구원 얻는 믿음으로 성립하기 위해서는 반드시 세 가지 요소가 있어야 한다고 주장합니다. "첫 번째 요소는 예수 그리스도 안에 있는 하나님의 지혜와 사랑과 자비에 관한 복음의 계시와 선포에 대한 신령한 지식의 발견입니다.(고린도후서 4:6) 두 번째 요소는 하나님의 구원 방식 안에 있는 모든 것이 특별한 자기 자신의 칭의와 구원에 적합하다는 사실과 하나님의 능력이 그 모든 것 안에서 자신의 칭의와 구원이라는 목적을 효력 있게 성취하도록 역사하신다는 사실을 믿음으로 깨닫고 보는 것입니다. 셋째로는 믿음의 마지막 행위는 하나님의 구원 방식을 제외한 다른 모든 구원 방식과 구원의 방편들을 거부하고, 자기 자신과 자기 자신의 영원한 복락을 위하여 오직 하나님의 구원 방식만 인정하고 신뢰하는 것입니다."[18]

이렇게 믿음은 그리스도를 향한 전적인 의존입니다. 믿음은 은혜 안에서 지식이나 성장의 양에 따라 다른 사람들 사이에서 다양한 정도로 존재합니다. 믿음은 단순하게 그리스도에게 매달리는 것 외에 아무것도 아닙니다. 즉 기꺼이 의지하는 간절함입니다.

---

16   루이스 벌코프, 756.

17   존 오웬, 『참된 믿음의 특성과 능력』, 78.

18   존 오웬, 『참된 믿음의 특성과 능력』, 70-78.

"바닷가에 가보면 여러분은 바위에 찰싹 붙어 있는 조개를 볼 수 있을 것입니다. 바위로 다가가서 막대기로 그 조개를 순식간에 내려치면 조개는 곧 떨어집니다. 그러나 또 한번 그렇게 조개에게 시도해 보십시오. 당신은 이미 그 조개에게 경고를 준 거나 마찬가지였습니다. 조개는 당신이 지팡이로 내려친 소리를 이미 들었기 때문에 이번에는 모든 힘을 다해서 바위에 찰싹 달라붙게 됩니다. 당신은 결코 떼어내지 못할 것입니다. 때리고 또 때려봤자 결국 당신의 막대기만 부러질 것입니다. 우리의 작은 친구인 조개는 많은 지식을 가지고 있지 않습니다. 그저 매달려 있기만 할 뿐입니다.- 조개가 바위의 지질학적 성분을 알 리가 없습니다. 그저 매달려 있는 것입니다. 조개가 매달릴 수 있는 것은 매달린다는 것이 무엇인지 알기 때문입니다. 이것이 조개가 가지고 있는 지식의 전부입니다. 조개는 이 단순한 지식을 사용하여 자신의 안전과 구원을 유지합니다. 조개는 바위에 붙어서 생명을 보존하는 것입니다."[19]

이와 같이 죄인들은 예수님께 붙어 있음으로 생명을 보존하게 됩니다. 어떤 사람이 고차원적인 지식으로부터 무언가를 의지할 때 믿음은 드러나게 됩니다. 이것은 보다 더 높은 믿음입니다. 의지해야 할 이유를 아는 믿음은 그에 걸맞은 행동도 나오게 합니다.

청교도들은 이 믿음을 설명하기 위하여 종종 "기댐"이라는 단어를 사용하였습니다.[20] 예수님께 자신을 의탁함으로써 구원에 이르는 믿음을 실천하는 것입

---

19 찰스 스펄전, 98.

20 찰스 스펄전, 88.

니다. "믿음은 맹목적인 것이 아닙니다. 왜냐하면 믿음은 지식과 함께 가기 때문입니다. 믿음은 이것이 확실하다는 사실을 믿는 것입니다. 믿음은 비실제적이거나 꿈같은 것이 아닙니다. 믿음은 계시의 진리를 신뢰하고 그 진리에 자신을 붙들어 매는 것입니다."[21] 이것은 믿음이 무엇인지를 알려 주고 있습니다. 이에 대하여 히브리서 11장 1절은 믿음에 대한 정의를 분명하게 말씀합니다.

"믿음은 바라는 것들의 실상이요 보지 못하는 것들의 증거니"

이 말씀을 잘 들여다보면 믿음이 무엇을 의미하는지 알 수 있습니다. **우선 믿음은 바라는 것들의 실체입니다. 이것은 무언가 바라는 것이 있으며 바라는 것이 내 눈앞에 실제로 존재한다고 확신하는 것입니다.** 그렇다면 여기서 말하는 **바라는 것 즉 소망**이란 무엇입니까? 단지 우리의 간구만을 의미하는 것입니까? 아니면 민족적 소원을 말하는 것일까요? 아닙니다. 바라는 것은 하나님의 약속입니다. 이 약속은 이미 창세 전부터 주어졌습니다. 그리고 역사 가운데서 실체화되었습니다. 특별히 예수 그리스도를 통하여 우리 가운데 드러난 약속입니다. 그런 의미에서 믿음은 하나님께서 선진들을 통하여 보여주었고 그리스도를 통하여 우리에게 약속하여 주셨던 모든 것이 이루어질 것에 대한 확신이라 할 수 있습니다. 약속에 대한 확신은 단지 미래적인 것으로 끝나지 않습니다. 확신이 분명한 사람은 현실을 회피하지 않고 살아갑니다. 현실에서 자신의 미래를 살아갑니다. 성경과 교회사에 있었던 믿음의 선진들이 한결같이 보여주었던 모습이 바로 약속의 현실화였습니다. 약속을 받은 자로서의 기쁨과 감사는 물론이고 책임과 의무를 가

---

21   찰스 스펄전, 88.

지고 살았습니다. 그래서 수없이 많은 고난이 있었지만 기쁨으로 그 일을 감당하였던 것입니다.

또한 믿음은 보지 못하는 것들의 증거입니다. 보지 못한다는 말에 쓰인 동사(블레포)는 "알아보다", 혹은 "인식하다", "경험하다"의 의미를 가지고 있습니다. 그렇다면 본문은 '믿음은 알아볼 수 없는 것, 혹은 경험하지 못한 것들의 증거'라고 할 수 있습니다. 사실 우리의 눈으로 볼 수 없는 것이 참으로 많이 있습니다. 그런데 그것이 없다고 말할 수 없습니다. 미세한 세균은 우리의 눈에 보이지 않지만 우리의 생각은 그것이 존재함을 믿고 있습니다. 그런 의미에서 본다면 믿음은 단지 눈으로 볼 수 있어야 하고 삶에 체험이 있어야만 알 수 있는 것도 아닙니다. 물론 체험을 부정하는 것이 아닙니다. 그러나 체험이 없기에 믿음이 없다고 단정할 수 없다는 것입니다. 체험은 믿음을 좀 더 견고하게 만들어 준다고 하는 것이 맞습니다.

믿음이 보이지 않는 것들의 증거라고 하는 것은 믿음이 체험에 의존하는 것이 아니라 말씀에 의존하는 것임을 함의합니다. 그래서 메튜 헨리는 말하기를 "믿음은 하나님의 계시와 그 계시의 모든 부분에 대한 영혼의 확고한 동의이다. 그리고 믿음은 하나님이 참되시다는 것을 인정하는 영혼의 낙인이다"[22]라고 하였습니다. 이렇게 믿음은 말씀을 받아들이고 그 말씀을 삶에서 의심 없이 살아냅니다. 말씀은 당장 나의 현실에 나타나지 않을 수 있습니다. 하지만 말씀은 삶의 현실을 인도합니다. 그런 의미에서 보이지 않지만 보이는 것처럼 살아가게 합니다.

사실 이 두 말씀은 믿음을 강조하기 위한 반복입니다. 그런 의미에서 바라는

---

22   메튜 헨리, 『디모데전서-요한계시록』, 김영배 역, (고양: 크리스천다이제스트, 2007), 414.

것과 보이지 않는 것은 같은 의미입니다. 이것은 타락한 우리에게 주신 구원의 약속입니다. 그러므로 믿음을 정의하자면 믿음은 하나님이 하신 약속이 내 눈앞에 실제로 완성됐음을 확신하는 것입니다. 또한 믿음이란 그리스도께서 하신 약속을 그리스도께서 친히 성취하실 것이라는 사실에 대한 확신입니다. 우리는 예수님께서 말씀하여 주신 대로 자녀 삼아 주시고, 의롭게 하여 주시고, 영화롭게 하여 주신다는 약속을 붙잡고 살아갑니다. 그러나 이 모든 설명보다도 더욱 중요한 것은 주 예수를 지금 즉시 믿는 일입니다. 이렇게 볼 때 구원 얻는 믿음에 대해서 웨스트민스터 소요리문답 제86문의 정의는 매우 중요합니다.

> "우리는 구원을 위하여 복음이 우리에게 전해주는 대로 예수 그리스도
> 를 영접하고 그분만을 의지하는 것입니다."

구원 얻는 믿음은 다른 것이 아니라 오직 복음이 우리에게 전해 주신 대로 우리가 예수님을 영접하고 의지하는 일입니다. 즉 구원을 얻기 위하여 하나님께서 우리에게 알려 주신 대로 믿을 때 구원에 이른다는 것입니다. 이것은 매우 중요합니다. 우리의 뜻이 아닙니다. 율법이 구원의 도구가 될 수 없는 것은 하나님이 주신 방법이 아니기 때문입니다.

이에 대하여 존 오웬 목사의 가르침은 우리에게 좋은 표지판이 됩니다. 그는 말하기를 "구원 얻는 믿음이란 하나님께서 그 아들에 관하여 우리에게 증언해 주신 증거를 믿는 것"이라 하였습니다[요한일서 5:10-11].[23] 하나님께서 그 아들에 대하여 증거해 주신 것을 믿을 때 우리는 참된 믿음을 가지게 됩니다. 다시

---

23   존 오웬, 『참된 믿음의 특성과 능력』, 21.

말해 우리의 구원은 하나님의 구원 방식을 믿음으로 받을 때 완성됩니다. 우리 주님은 구원에 이르는 길에 대하여 말씀하셨습니다. "영생은 곧 유일하신 참 하나님과 그의 보내신 자 예수 그리스도를 아는 것이니이다"[요한복음 17:3] 우리의 구원은 하나님과 예수 그리스도를 아는 것입니다. 이 분명한 앎에 대한 믿음에 우리의 구원이 있습니다. 하나님은 죄로 인하여 소망 없이 살아가고 있는 우리들을 위하여 구원을 약속하셨으며 역사의 흐름 가운데 구원의 길을 예비하셨고 마침내 하나님 자신이 사람으로 우리 가운데 오사 우리를 위하여 십자가에서 죽으셨습니다. 하나님은 오직 예수님만을 유일한 구원의 길로 예비하셨습니다. 길이요 진리이신 예수님은 오직 하나님께로 가는 유일한 길입니다. 이 사실을 알고 믿을 때 우리의 구원은 이루어집니다.

우리가 예수 그리스도를 믿는다고 할 때 이러한 모습들이 나타나야 합니다. 그것이 바로 참된 믿음이 됩니다. 우리가 예수 그리스도를 믿는다고 할 때 그 믿음은 바로 예수님을 통하여 죄인들을 구원하시는 하나님의 구원 방식에 반응하는 것입니다. 그리고 구원 방식을 인정하는 것이 바로 참된 믿음입니다. 자신의 방식으로 믿는 것은 구원 얻는 믿음이 아닙니다. 복음이 가르쳐 준 대로 믿어야 합니다.

다시 한번 정리한다면 구원하는 믿음은 눈과 손과 입의 역할로 이해할 수 있습니다. 이것은 매우 단순한 비유이지만 믿음을 이해하기에 참 좋습니다.

"1) 보는 것은 눈입니다. 2) 믿음은 움켜잡는 손입니다. 우리의 손으로 무엇이든 붙잡는 것처럼 정확하게 믿음으로 그리스도를 소유하고 그분의 구속의 축복을 누리게 됩니다. 3) 믿음은 그리스도를 양식으로 삼는 것입니다."[24]

아무리 맛있는 음식이 있다 하더라도 보지 못하면 확신할 수 없습니다. 아무리 좋은 것이라 할지라도 손으로 부여잡고 있지 않으면 내 것이 될 수 없습니다. 또한 아무리 달콤한 것이라 할지라도 우리 입으로 들어오지 않으면 맛을 알 수 없습니다. 믿음은 이와 같습니다. 그러므로 욥은 말하기를 내가 전에는 듣기만 하였으나 이제 눈으로 본다고 고백한 것입니다.[욥기 42:5] 또한 사도 요한은 그의 서신에 다음과 같이 고백하였습니다.

"태초부터 있는 생명의 말씀에 관하여는 우리가 들은 바요 눈으로 본 바요 주목하고 우리 손으로 만진 바라"[요한일서 1:1]

이 말씀은 사도 요한 자신이 예수 그리스도를 직접 체험하였고 인격적인 만남을 가졌음을 강조합니다. 예수 그리스도의 오심은 환영이 아닙니다. 분리된 존재가 아닙니다. 예수 그리스도는 인간의 몸으로 오신 하나님이십니다. 우리의 죄를 사하여 주실 유일한 구주인 것입니다. 이렇게 사실에 대한 확신이 바로 믿음입니다. 구원 얻는 믿음에는 이러한 인격적인 고백이 있습니다.

---

24 찰스 스펄전, 94-96.

1. 구원과 믿음의 관계를 바르게 아는 일은 중요합니다. 구원이 하나님의 은혜라고 할 때, 믿음의 역할은 무엇입니까?

2. 믿음의 세 가지 구성 요소는 무엇입니까?

3. 온전한 믿음을 갖기 위해서 필요한 것은 무엇입니까?

4. 당신의 삶에서 가장 즐거웠던 영적인 만찬이 있었다면 무엇입니까?

구원하는 믿음은 거룩한 삶을 살게 하는 원동력이 됩니다. 이렇게 믿음은 구원 얻는 일에 중요한 역할을 감당합니다. 하나님은 이러한 믿음을 통하여 구원을 얻게 하셨습니다.

7장

구원의 통로가 믿음인가요?

믿음으로 구원을 얻습니다. 다른 무엇으로 얻는 것이 아니라 믿음으로 구원을 얻습니다. 이것은 성경이 명백하게 가르치고 있는 사실입니다. 우리는 앞서서 이 문제를 길게 다뤘습니다. 그렇다면 한 가지 질문이 생깁니다. 하나님은 왜 구원의 통로로 믿음을 선택하였을까요? 왜 소망이나 사랑, 온유, 충성, 인내보다도 믿음이 선택되었을까요? 도대체 반드시 믿음을 통하여 구원을 이루게 하시는 하나님의 뜻은 무엇입니까? 사실 이 질문에 대한 답변은 매우 어렵습니다. 이것은 하나님의 주권적인 방법이고 선포이기 때문입니다.

바울은 은혜로 말미암아 믿음으로 구원을 받는다[에베소서 2:8]고 하였습니다. 이것은 하나님의 은혜가 믿음이라는 통로를 통하여 구원을 주신다는 의미입니다. 이렇게 성경은 은혜를 받는 가장 적합한 수단으로 믿음을 사용한 것입니다. 믿음으로 구원받는 것이 아니라 은혜로 구원을 받는데 그 은혜를 받는 도구가 믿음이라는 의미입니다. 믿음은 하나님의 은혜를 받아들이는 것으로 그 임무를 다하는 것입니다. 그러기에 믿음의 분량이 구원에 미치는 영향은 하나도 없습니다. 단지 은혜를 받는 것에 있어서 믿음을 가장 적합한 수단으로 사용하신 것입니다.

믿음은 은혜를 받아들이기에 가장 적합한 기능입니다. 마치 물건을 집을 때 손이 가장 적합한 기능을 하듯이 하나님이 주시는 은혜를 받는 데 가장 적합한 것이 바로 믿음입니다. 이에 대하여 좀 더 구체적으로 믿음이 구원의 통로로서 적합한 이유를 생각해 보고자 합니다.

믿음이 선택된 이유

믿음이 구원의 통로로 선택된 것은 전적인 하나님의 주권입니다. 그러기에 하나님이 알려 주시기 전에는 온전히 알 수 없습니다. 그래서 이 질문에 답을 얻는 것은 쉬운 일이 아닙니다. 이에 대하여 스펄전은 믿음이 구원의 통로로 적합한 이유를 세 가지로 설명합니다. 매우 유익한 설명입니다.

첫 번째 이유는 믿음이 하나님께 모든 영광을 돌리기 때문입니다.[25] 하나님은 우리에게 구원을 선물로 주셨습니다. 누구도 자랑할 수 없도록 하시기 위하여 단번에 선물로 주신 것이 구원입니다. 그런데 믿음은 단지 이 구원을 받을 수 있는 수단일 뿐입니다. 자신이 자랑할 수 있는 것은 하나도 없습니다. 믿음이 없이는 구원을 받을 수 없지만 그렇다고 믿음이 자신의 공로를 자랑할 수 없습니다. 믿음은 오직 하나님의 일하심에 순종하고 하나님께 영광을 돌릴 뿐입니다.

---

25 찰스 스펄전, 110.

두 번째, **하나님께서 구원의 경로로 믿음을 택하신 이유는 믿음이 사람과 하나님을 연결하는 확실한 방법이기 때문입니다.**[26] 이것은 믿음이 하는 중요한 역할입니다. 자신의 영광을 생각지 않고 오직 하나님과 사람을 연결하여 줍니다. 하나님은 믿음을 구원의 연결점으로 사용하십니다. 하나님과 연결할 수 있는 길은 오직 믿음 외에는 없습니다. 우리의 어떤 행위도 하나님과 연결될 수 없습니다. 오직 믿음만이 하나님과 우리 사이를 연결하여 줍니다.

　　세 번째, **믿음이 선택된 이유는 믿음은 행위의 근원을 다루기 때문입니다.**[27] 우리가 살아가면서 행하는 모든 것에는 다 원인이 있습니다. 원인이 없는 행동은 없습니다. 하나님은 인간을 창조하시고 살아가는 방법으로 믿음을 심어 주셨습니다. 모든 사람은 믿음으로 살아갑니다. 하늘이 언제나 위에 있을 것이라는 믿음 때문에 정상적으로 살아갑니다. 또한 열심히 운동하면 건강해질 것이라는 믿음이 있기에 운동을 합니다. 믿음이 없이는 우리의 행위는 존재할 수가 없습니다. 이렇게 하나님은 믿음을 우리에게 주시고 믿음을 통하여 우리를 만나십니다. 우리를 전인적으로 만날 수 있는 도구가 바로 믿음입니다. 즉, 하나님께서 믿음을 통해 구원을 주시는 이유는 우리 안에 믿음을 창조하시는 것을 통해서 우리의 감정과 행동의 실제적인 주요 근원과 접촉하시기 때문입니다.[28]

26　찰스 스펄전, 111.

27　찰스 스펄전, 112.

28　찰스 스펄전, 113.

믿음의 능력

믿음은 구원에 이르는 통로로서 매우 중요합니다. 믿음이 없이는 결코 구원에 이를 수 없습니다. 그런데 통로로서의 기능만이 아니라 믿음이 가지고 있는 또 다른 역할도 중요합니다. 그것은 믿음이 가지고 있는 능력이라고 할 수 있습니다. 믿음은 우리의 삶에 강력한 능력을 심어 줍니다. 그래서 험악한 세상에서 담대하게 살아남습니다.

첫째, 믿음은 사랑으로 역사하는 힘을 지니고 있습니다.(갈라디아서 5:6) 사랑은 역사하는 힘이 있습니다. 단지 사람에게만 보이게 하는 것이 아니라 역사하는 능력을 가지고 있습니다.

"우리가 성령으로 믿음을 좇아 의의 소망을 기다리노니 그리스도 예수 안에서는 할례나 무할례가 효력이 없되 사랑으로써 역사하는 믿음 뿐이니라"[갈라디아서 5:6]

믿음이 가는 곳에 사랑이 있습니다. 사랑이 가는 곳에 믿음이 있습니다. 그러므로 믿음은 사랑의 열매를 만들어 냅니다. 믿음은 외식적인 삶에서 끝나지 않습니다. 반드시 사랑의 열매를 만들어 냅니다. 믿음이 있다고 하면서 사랑이 없다면 그것은 참된 믿음이 아닙니다. 사랑이 있다면 믿음으로 살고 있다는 증거입니다. 믿음과 사랑은 함께 나타납니다. 결코 분리될 수 없는 것이 믿음과 사랑입니다. 그래서 믿음이 사랑의 역사를 만들어 냅니다.

둘째, 믿음은 반드시 예수 그리스도만을 바라보게 합니다.(고린도전서 12:3)[29] 어떠한 육체도 의지하지 않습니다. 오직 예수 그리스도만을 의지합니다. 그리고 예수 그리스도가 주는 영광을 누립니다. 믿음은 두 주인을 섬기지 않습니다. 마치 엘리야가 바알의 선지자 450인과의 대결에서 이스라엘 백성에게 하나님과 바알 중에서 선택할 것을 촉구하고 담대하게 하나님의 이름으로 기도하였던 것과 같습니다.(열왕기상 18:21-24) 믿음은 어떠한 상황 가운데서도 오직 예수 그리스도를 향하는 능력을 가지고 있습니다.

셋째, 믿음은 우리의 마음을 깨끗이 하여 줍니다. 마음이 깨끗한 것은 외식자의 삶이 아니라 참된 구원자의 표지입니다.

"믿음으로 저희 마음을 깨끗이 하사 저희나 우리나 분간치 아니하셨느니라"[사도행전 15:9]

마음이 깨끗하여진 것은 더 이상 율법에 얽매여 사는 자가 되지 않음을 의미합니다. 동시에 경건의 능력이 있음을 의미합니다. 순결한 신부와 같이 주님을 맞이할 수 있게 됩니다. 세상의 추하고 더러운 것과 싸워 정결함을 유지할 수 있는 것이 바로 믿음의 능력입니다. 마음의 순결은 평안과 기쁨을 소생케 합니다. 확실히 믿음은 다른 것이 할 수 없는 일을 합니다. 그러므로 영원한 안식에 들어가게 하는 것이 바로 참된 믿음입니다.

---

29   윌리엄 거스리, 『참된 구원의 확신』, 오현미 역, (수원: 그책의 사람들, 2016), 121.

넷째, 믿음은 하나님 나라에 대한 소망을 가지고 험악한 이 땅을 능히 이기게 합니다.
믿음이 없이는 결코 이 땅에서 삶에 만족을 누릴 수 없습니다. 불평과 불만이 우리를 사로잡습니다. 그러나 믿음은 우리로 하여금 하나님 나라를 향한 소망을 불러일으켜서 이 땅에서 만족하며 살아가게 합니다. 그래서 어떠한 불편함이 있어도 감당합니다. 마침내 복음과 고난받는 것을 즐거워합니다. 이것이 믿음이 주는 능력입니다.

다섯째, 믿음은 오직 하나님만 바라보며 살게 합니다. 모든 문제의 해결을 하나님에게서 찾게 됩니다. 또한 무슨 일을 하여도 하나님 앞에 있는 심정으로 합니다. 이것이 바로 코람데오의 정신입니다. 하나님만 바라보는 것은 하나님을 두려워하는 것이며 그를 존대하는 것이며 하나님만이 모든 문제의 해결자임을 고백하는 신앙입니다.

성경은 '복음에는 하나님의 의가 나타나서 믿음으로 말미암아 믿음에 이르게 하나니'[로마서 1:17]라고 말씀합니다. 구원하는 믿음은 거룩한 삶을 살게 하는 원동력이 됩니다. 이렇게 믿음은 구원 얻는 일에 중요한 역할을 감당합니다. 하나님은 이러한 믿음을 통하여 구원을 얻게 하셨습니다. 하나님의 은혜가 가장 빛나게 하는 것이 바로 믿음입니다. 그리고 이 믿음으로 우리는 구원에 이르게 됩니다.

더 깊은 나눔을 위한 질문

1. 하나님께서는 구원의 통로로 믿음을 사용하십니다. 그 이유에 대한 찰스 스 펄전의 생각은 무엇입니까?

2. 믿음이 구원의 통로로 적합한 구체적인 이유는 무엇입니까?

1)

2)

3)

3. 믿음이 갖고 있는 다양한 능력은 무엇입니까?

1)

2)

3)

4)

5)

거듭남은 성령의 효과적인 사역으로 말미암아 영혼 안에서 일어나는
위대하고도 엄청난 변화이다.
- 스테판 차녹

8장

거듭남에 대하여
확신하십니까?

"증권회사에 처음 들어갔을 때, 직장상사는 나에게 앞으로 영업할 때 조심해야 할 사람 1순위가 교회의 장로, 권사, 목사라고 알려줬다. 기독교인인 나로서는 기분이 나빴지만 10년을 실제로 경험한 내가 부하 직원에게 똑같은 말을 하게 되었다. 확실히 기독교인이 더 물욕적이고 세상적이고 구복적이다."[30]

이 기사는 참으로 마음을 아프게 합니다. 오늘날 기독교는 어디로 가고 있는가? 인구 1/4이 기독교인이라 자랑하는 이 시대의 교회와 그리스도인의 자화상은 무엇인가? 도대체 이러한 상황을 어떻게 설명해야 할까? 이러한 사실 앞에

---

30 "기독교인이 더 물욕적이고 집착 강해", 『뉴스파워』, 2008. 10. 16. http://www.newspower.co.kr/sub_read.html?uid=12609&section=sc1

오늘 나는 어떠한가? 나 역시 예수 믿음으로 무엇을 얻고자 하는가? 과연 오늘날 우리는 성경적인 신앙을 가지고 있는가? 그렇지 않다면 이렇게 된 원인은 무엇인가? 정직하게 고민하지 않을 수 없는 상황입니다.

이러한 사실 앞에 거듭남은 중요한 답변을 주고 있습니다. 거듭남은 기독교 신앙에 있어서 너무나 중요한 가르침입니다. 이것이 참된 기독교인과 이름뿐인 기독교인의 차이를 분명하게 드러내기 때문입니다. 그러므로 거듭남에 대한 온전한 이해를 가지고 있어야 합니다.[31] 거듭남은 알아도 그만 몰라도 그만인 가르침이 아닙니다. 교회의 서고 넘어짐에 있어서 정말로 중요한 기준입니다. 그러므로 무엇보다도 거듭남의 가르침에 대하여 바로 알고 또한 우리 자신을 잘 살펴보아야 합니다.

거듭남은 영적인 새로운 탄생을 말합니다. 육체적 새로움이 아닌 우리의 속사람이 변하는 전혀 다른 차원의 변화입니다. 우리는 다 육신을 입고 이 땅에서 태어났습니다. 하지만 우리의 육체는 모두 죄 가운데 있습니다. 죄인의 몸으로는 결코 거룩한 천국에 들어갈 수 없습니다. 거룩하신 하나님을 볼 수 없습니다. 진정한 축복을 누릴 수 없습니다. 주님이 약속하신 은혜를 누리려면 죄 가운데 있는 육신으로는 불가능합니다. 거룩함의 모습으로 다시 태어나야 합니다. 그래야 하나님의 영광을 볼 수 있습니다. 바로 이것이 거듭남입니다. 혹은 중생이라고 말합니다.

누구든지 중생 혹은 거듭남이 있어야 구원의 자리에 들어갑니다. 거듭남은 육체적인 모든 죄를 다 버리는 것입니다. 그리고 더 이상 육체대로 살지 않고 성령을 따라 사는 것입니다. 종교적인 외적 표징으로 하나님의 나라를 볼 수 없습니다. 거듭난 자에게 만 구원은 주어집니다. 거듭난 그리스도인은 그의 마음과 성

---

31   저자의 요한복음 3장 1-19절 설교를 참조.

품이 성령으로 인하여 완전한 변화가 일어난 자입니다. 그러므로 거듭난 사람은 육체에 속하였던 삶을 벗어나서 영적인 새로운 삶을 삽니다.

성경은 이러한 거듭난 삶에 대하여 분명하게 말씀하고 있습니다. 에스겔 선지자는 거듭난 자의 모습을 굳은 마음이 부드러운 마음으로 변한 것으로 묘사합니다.[32] 베드로 사도는 거듭남을 신의 성품에 참예하는 것이라고 하였습니다.[33] 그리고 바울은 거듭남을 새롭게 되는 것으로 말합니다.[34]

또한 에베소서 4장 22-24절에서 말씀합니다. "너희는 유혹의 욕심을 따라 썩어져 가는 구습을 좇는 옛 사람을 벗어버리고 오직 심령으로 새롭게 되어 하나님을 따라 의와 진리의 거룩함으로 지으심을 받은 새 사람을 입으라."

이렇게 볼 때 거듭남은 철저하게 속사람의 변화를 말합니다. 마음과 본성이 성령으로 인하여 변합니다. 악하고 욱하는 마음들이 부드럽게 됩니다. 정욕을 위하여 세상의 썩어질 것에 열심을 다하던 마음들이 변하여 하나님의 성품에 참여합니다. 의와 진리의 거룩함으로 지으심을 받은 새 사람입니다. 그래서 스테판 차녹은 "거듭남은 성령의 효과적인 사역으로 말미암아 영혼 안에서 일어나는 위대하고도 엄청난 변화"라고 하였습니다.[35]

그리스도인의 다른 상태와 비교

---

32 또 새 영을 너희 속에 두고 새 마음을 너희에게 주되 너희 육신에서 굳은 마음을 제하고 부드러운 마음을 줄 것이며" [에스겔 36:26]

33 "이로써 그 보배롭고 지극히 큰 약속을 우리에게 주사 이 약속으로 말미암아 너희로 정욕을 인하여 세상에서 썩어질 것을 피하여 신의 성품에 참예하는 자가 되게 하려 하셨으니" [베드로후서 1:4]

34 "그런즉 누구든지 그리스도 안에 있으면 새로운 피조물이라 이전 것은 지나갔으니 보라 새것이 되었도다" [고린도후서 5:17]

35 스테판 차녹, 『거듭남의 본질』, 손성은 역 (서울: 지평서원, 2007), 41.

거듭남에 대해 정확히 알려면 그리스도인의 다른 상태와 비교할 때 분명해집니다. 우선 거듭남은 회심이 아닙니다. 거듭남은 영적인 변화이지만 회심은 영적인 활동입니다. 거듭남에서 인간은 철저하게 수동적이지만 회심에서는 능동적입니다.[36] 또한 거듭남은 칭의와도 다릅니다. 칭의는 관계적인 변화이지만 거듭남은 실제적 변화입니다. 즉 칭의는 죄책의 상태에서 의의 상태로, 노예의 상태에서 자유의 상태로 옮겨지는 것입니다. 그러나 거듭남은 죽었던 사람이 사망에서 생명으로 옮겨지는 실제적인 변화입니다.[37]

거듭남은 완전히 새로운 변화를 가져옵니다. 그렇다고 거듭남은 영혼이 이전부터 가지고 있던 실체나 기능적 구조들을 아예 제거해 버리는 것이 아닙니다.[38] 즉 본성 자체의 파괴를 의미하지 않습니다. 인간의 본성은 유지되지만 본성에 있는 부패한 것이 추방당합니다. 오히려 인간의 근본적인 본성과 이성 그리고 이해력이 사라지는 것이 아니라 올곧아집니다.[39] 거듭남은 단순한 깨달음이 아닙니다. 자연종교는 깨달음을 강조합니다. 그래서 명상의 자리에 이르러야 한다고 말합니다. 하지만 거듭남은 단지 깨닫는 것이 아닙니다. 거듭남은 완전히 새로워지는 것입니다. 새 창조를 의미합니다.

거듭남은 하나님의 은혜에 의한 실제적인 변화입니다.(요한복음 5:25) 또한 모든 믿는 자에게 나타나는 변화입니다.(고린도후서 5:17) 그리고 어둠이 빛이

---

36 스테판 차녹, 43-44.

37 스테판 차녹, 47.

38 스테판 차녹, 55.

39 스테판 차녹, 56.

되는 정반대로의 변화입니다. 거듭남은 전인의 전체적인 변화입니다.[40] 거듭남이 주는 열매는 분명합니다. 땅을 바라보며 살던 삶이 하늘을 바라보며 삽니다. 자신의 만족을 위하여 살던 삶이 하나님의 영광을 위하여 살게 됩니다. 이제는 세상이 주는 것에서 위로를 받는 것이 아니라 하나님이 주시는 은혜로 위로를 받고 힘을 얻습니다. 이렇게 거듭남은 삶 전체에 새로운 변화를 가져옵니다.

거듭남을 어떻게 알 수 있을까?[41]

바람이 어디서 오는지 모르지만 존재하듯이 성령으로 난 사람도 이와 같다는 말씀은 거듭난 사람에게는 반드시 표징이 있음을 알려줍니다. 그렇다면 거듭난 사람에게는 어떠한 열매가 있습니까? 본문 자체의 선언과 성경 전체의 가르침을 통하여 이 문제를 살펴볼 수 있습니다.

첫째로 성령으로 난 사람은 예수님을 주라고 시인합니다. 이 사실을 매우 중요한 사실입니다. 누구든지 거듭나지 않고서는 예수님을 주라고 시인할 수 없습니다. 예수님이 삶의 주인이고 모든 것의 기준이 됨을 고백합니다. 사는 것의 목적이 예수님에게 있습니다. 그러므로 성경은 말씀합니다.

"그러므로 내가 너희에게 알게 하노니 하나님의 영으로 말하는 자는 누구든지 예수를 저주할 자라 하지 않고 또 성령으로 아니하고는 누구든

---

40   스테판 차녹, 69-75.

41   이 부분은 저자의 설교 "거듭남은 어떻게 알 수 있을까?[요한복음 3:1-8]"의 요약입니다.

지 예수를 주시라 할 수 없느니라"[고린도전서 12:3]

예수님을 자신의 주인으로 삼고 그의 가르침을 받으며 함께 동행하는 것을 기뻐합니다. 성경에서 주라고 인정하는 것은 나는 당신의 노예라는 선언입니다. 당대의 주인은 종의 생명을 움직일 수 있는 권한이 있었습니다. 그러므로 이 표현은 나의 생명을 모두 맡긴다는 의미를 함의하고 있습니다. 자신의 모든 것을 의탁하는 것은 거듭난 자가 아니면 불가능합니다. 이것은 세상의 가르침과 정면으로 부딪치는 행위입니다. 세상은 자신이 주인임을 강조합니다. 그러나 거듭난 자는 오직 예수님이 나의 주인임을 고백하고 그의 말씀을 듣고 그의 뜻을 따라 살아갑니다.

둘째로 거듭난 사람은 습관적인 죄를 범하지 않습니다. 거듭나지 않은 자에게서 나타나는 모습이 있다면 그것은 바로 죄에 대한 무감각입니다. 이들은 자신이 행한 것이 죄인 줄을 알지 못합니다. 어두움에 속하여 있기에 죄에 대하여 무지합니다. 오히려 죄를 짓는 것을 즐거워합니다. 그러나 거듭난 자는 죄에 대하여 죽은 자입니다. 죄에 대하여 민감하게 반응합니다. 그리고 죄악 가운데 있는 것을 싫어합니다. 오히려 죄와 싸우기를 기뻐합니다. 요한은 이 사실에 대하여 분명하게 말씀합니다. "하나님께로서 난 자마다 죄를 짓지 아니하나니"[요한일서 3:9][42] 이 말씀은 습관적이고 반복적이며 지속적으로 그리고 의지적인 죄를 짓지 않음을 의미합니다. 거듭난 자에게는 의의 씨가 있기에 죄악의 자리에 서는 것을 즐거워할 수 없습니다. 이것이 거듭난 자의 모습입니다.

42　하나님께로서 난 자마다 죄를 짓지 아니하나니 이는 하나님의 씨가 그의 속에 거함이요 저도 범죄치 못하는 것은 하나님께로서 났음이라" [요한일서 3:9]

셋째, 거듭난 자는 삶의 목적과 생각에 있어서 완전한 변화를 가져옵니다. 바울은 거듭남을 새롭게 되는 것이라 말하였습니다.(고린도후서 5:17) 새것이 되지 않고서는 결코 하늘의 영광을 볼 수 없기 때문입니다. 그러므로 거듭남은 반드시 필요합니다. 그러나 동시에 거듭난 자에게 동일한 모습이 나타나는데, 바로 거듭난 자는 삶의 목적과 생각에 있어서 새로운 변화를 가져옵니다.

거듭난 자는 거듭나기 이전의 삶의 목적과 전혀 다른 삶을 살아갑니다. 이제 자신이 살아가야 할 이유가 분명해집니다. 그래서 거듭난 심령을 가진 자는 다음과 같이 고백합니다.

"우리 중에 누구든지 자기를 위하여 사는 자가 없고 자기를 위하여 죽는
자도 없도다 우리가 살아도 주를 위하여 살고 죽어도 주를 위하여 죽나
니 그러므로 사나 죽으나 우리가 주의 것이로라"[로마서 14:7-8]

"그런즉 너희가 먹든지 마시든지 무엇을 하든지 다 하나님의 영광을 위
하여 하라"[고린도전서 10:31]

거듭난 그리스도인은 이 땅에 살아야 하는 이유가 선명합니다. 자신을 위하여 살던 인생에서 하나님의 영광을 위하여 살아갑니다. 삶의 목적이 하나님의 뜻을 이 땅에 실현하는 것이기에 현실에 대한 생각이 달라집니다. 현실은 하나님의 영광을 나타내기 위한 현장입니다. 그러기에 누구보다 더 최선을 다하여 살아갑니다. 이렇듯 삶의 지향점이 분명하게 나타납니다.

넷째, 거듭난 자는 이웃을 향하여 실천적 사랑을 나타냅니다. 자신만을 위하여 살

던 이가 변화되어 나타나는 모습은 삶의 목적이 하나님의 영광이 됩니다. 그리고 실천적인 삶의 모습에 있어서 이웃을 향한 태도가 달라집니다. 우선 믿음의 형제들을 사랑합니다. 믿음의 지체를 향한 사랑이 충만합니다.(갈라디아서 6:8-10)[43]

성령을 위하여 심는 자, 사망에서 옮겨 생명으로 들어간 자에게 나타나는 것은 바로 형제를 대하는 태도의 변화입니다. 자신에게 이득이 될 때만 섬기는 태도에서 변화가 옵니다. 미움과 질투가 아니라 온유와 섬김의 모습으로 변화가 됩니다. 더 이상 믿음의 형제들이 경쟁의 대상이나 시기와 질투의 대상이 아닙니다. 사랑하는 존재가 됩니다.(요한일서 3:14-15)[44] 이것이 바로 그리스도의 십자가의 사랑입니다. 원망과 시비는 하나님 나라와 관계없습니다. 하나님 나라는 의와 평강과 희락입니다. 이러한 하나님 나라의 모습이 거듭난 자의 삶을 통하여 나타납니다.

다섯 번째는 하나님의 말씀을 사모하며 그의 뜻을 날마다 구합니다. 거듭난 사람은 자신의 뜻을 따라 사는 것이 아니라 하나님의 뜻을 따라 사는 자입니다. 그러므로 늘 하나님의 뜻을 구합니다. 하나님의 뜻이 하늘에서 이루어진 것과 같이 땅에서도 이루어지기를 소망합니다. 이 일을 위하여 하나님의 말씀을 사모하며 그 뜻을 실천하고자 열심을 다합니다. 하나님의 영광을 위하여 결코 포기하지 않습니다. 하나님의 뜻을 온전히 전하는 것에 기쁨을 누립니다.(시편 1:1-2)

---

43 "자기의 육체를 위하여 심는 자는 육체로부터 썩어진 것을 거두고 성령을 위하여 심는 자는 성령으로부터 영생을 거두리라 우리가 선을 행하되 낙심하지 말지니 피곤하지 아니하면 때가 이르매 거두리라 그러므로 우리는 기회 있는 대로 모든 이에게 착한 일을 하되 더욱 믿음의 가정들에게 할지니라" [갈라디아서 6:8-10]

44 "우리가 형제를 사랑함으로 사망에서 옮겨 생명으로 들어간 줄을 알거니와 사랑치 아니하는 자는 사망에 거하느니라 그 형제를 미워하는 자마다 살인하는 자니 살인하는 자마다 영생이 그 속에 거하지 아니하는 것을 너희가 아는 바라" [요한일서 3:14-15]

여섯 번째는 성령의 인도함에 따라 의와 거룩함을 위하여 힘써 살아갑니다. 거듭남은 하나님의 공의를 행합니다. 주님이 말씀하신 그의 나라와 그의 의를 위하여 살아갑니다. 공의가 상실된 것은 하나님의 백성과 관계없습니다. 공의의 나타남이 바로 거듭난 자의 삶입니다. 그것은 하나님이 의로우신 분이기 때문입니다. 의로우신 분의 부름을 받았다면 부르신 자의 뜻을 의로움을 이 땅 가운데 나타내야 합니다.

"너희가 그의 의로우신 줄을 알면 의를 행하는 자마다 그에게서 난 줄을 알리라"[요한일서 2:29]

이렇게 의를 행하는 것은 거듭난 자의 표지입니다. 무엇을 하더라도 하나님을 생각합니다. 그리고 알려주신 뜻을 따라 하나님의 의를 행합니다. 의는 하나님의 거룩함을 드러내는 인간의 방식입니다. 부정직의 삶을 증오하고 정직한 자의 길에 서기를 기뻐합니다. 비록 그 길이 험하고 힘들어도 하나님의 뜻을 순종합니다.

거듭남은 우리의 속사람이 변화되는 것입니다. 우리의 생각과 삶의 목적과 의미가 변화됩니다. 그리고 새로운 삶의 변화가 나타납니다. 영적인 습관이 나타납니다. 이제 자신을 위하여 살지 않고 하나님의 영광을 위하여 사는 관점의 변화가 일어납니다.

이렇게 거듭남은 눈으로 보이는 것이 아닙니다. 성령께서 우리를 다시 살려주시는 것이 바로 거듭남입니다. 거듭남은 우리의 의지로 된 것이 아닙니다. 그러나 우리는 거듭남의 증거를 통하여 거듭남의 은혜를 알 수 있습니다. 거듭남은 단순한 감정과 체험의 문제가 아닙니다. 체험이 아무리 크다고 해도 거듭남과 관계없을 수 있습니다.

거듭남의 확신

영적 그리스도인의 삶에 있어서 가장 중요한 것은 거듭남의 확신입니다. 거듭남 즉 중생의 역사가 없이는 우리의 영적인 삶은 단순히 종교적인 영역에 머무를 것입니다. 이러한 모습은 자연종교에서도 얼마든지 만나 볼 수 있기 때문입니다. 그러므로 우리의 신앙에 있어서 참으로 중요한 것은 바로 거듭남의 역사입니다. 이것이 곧 구원의 확신을 말하기 때문입니다.

거듭남은 우리의 의지로 되는 것이 아닙니다. 중생은 하나님의 초자연적인 은혜의 사역입니다. 즉 위로부터 오시는 하나님의 선물입니다. 결코 사람의 능력으로 되지 않습니다. 그러므로 누구든지 위로부터 오시는 성령의 은혜를 얻은 자만이 하나님 나라를 볼 수 있습니다.(요한복음 3:3) 그런 의미에서 중생은 영원한 생명의 시작입니다. 중생이 없이 영생은 없습니다. 그리고 이것은 예수 그리스도를 믿는 자에게만 주어지는 선물입니다.(요한복음 3:14-15, 18)

거듭남은 오직 하나님의 은혜로 주어지는 것이지만, 이 은혜는 우리의 믿음을 통하여 우리에게 주어집니다. 즉 거듭나게 하심과 믿게 하시는 사역 모두 하나님의 은혜로 이루어집니다. 비록 현실적으로 보면 믿는 것은 내가 하는 것 같지만, 믿게 하여 주시는 하나님의 은혜가 있을 때 가능합니다.

거듭남은 예수 그리스도로 말미암아 새로운 존재가 되는 새 탄생입니다. 이 세상에 속한 자가 아니라 하늘에 속한 자가 되는 변화입니다. 그런데 이러한 사역이 바로 성령님을 통하여 이루어집니다. 성령의 사역은 우리의 심령을 움직여 예수 그리스도를 알게 합니다. 그리고 예수님을 하나님의 아들로 믿게 하십니다.

성령은 우리의 구원을 위하여 예수 그리스도를 믿게 하여 새로운 존재 즉 거듭난 그리스도인을 만드십니다. 이것이 바로 성령의 본질적 사역입니다. 성령은 우리로 하여금 그리스도의 말씀을 기억나게 하고, 그 말씀에 순종하도록 하십니다. 이러한 순종으로 우리의 전 존재가 변화됩니다. 우리를 거듭나게 하시는 일은 전적으로 성령의 일하심입니다. 그런데 주님께서 하시는 이 거듭남의 사역은 성령의 은밀한 사역으로 시작되고 완성됩니다. 바람이 임의로 불듯이 어디서 와서 어디로 가는지 볼 수 없지만 그로 인하여 나타난 형상을 통하여 바람이 왔다가 갔음을 알듯이 성령의 역사를 통한 거듭남의 사역 역시 은밀하게 진행됩니다. 그러므로 거듭남은 내가 원한다고 되는 것이 아닙니다. 오직 성령 하나님의 일하심입니다. 그리고 우리는 그 결과를 통하여 성령의 일하심을 알 수 있습니다.

그런 의미에서 거듭남에 대하여 의심할 수 있습니다. 은밀히 진행되고 변화가 더디 올 때 우리의 마음은 조바심으로 가득 차게 되고, 성경의 가르침에 모순되는 일을 하기도 합니다. 그러나 우리가 기억해야 할 것은 우리의 지혜로는 하나님의 거룩하신 뜻을 온전하게 알 수 없지만, 하나님은 모든 것을 합력하여 선을 이루시는 분이라는 사실입니다. 이 사실이 믿어진다면 거듭남의 은혜를 누리고 있는 것입니다. 그리고 이러한 모습이 우리의 믿음을 든든하게 합니다. 삼위 하나님으로 영원히 계시고 우리의 유익을 위하여 오신 성령께서 우리의 영혼을 위하여 거듭나게 하시고 우리로 하여금 하나님의 영광을 위하여 살게 하십니다.

그러므로 이 일이 온전히 이해되지 않는다고 예수님을 믿는 일을 포기하지 말아야 합니다. 만약 어떤 사람이 차를 타야 집에 갈 수 있는데, 차가 어떻게 움직이는지 모른다고 타지 않는다면, 그처럼 어리석은 일이 어디 있겠습니까? 우리를 구원하시는 모든 일이 이해될 때까지 기다리지 말고 믿음의 초청을 받아들이시기 바랍니다. 바로 그 때 형용할 수 없는 기쁨을 맞이하게 될 것입니다.

더 깊은 나눔을 위한 질문

1. 영적 그리스도인의 삶에 있어서 가장 중요한 것은 무엇입니까?

2. 거듭남은 무엇을 말합니까?

3. 거듭남은 그리스도인의 다른 상태[회심과 칭의]와 어떤 차이가 있습니까?

4. 거듭남의 표징은 무엇입니까?

5. 거듭남에 있어 성령께서 하시는 일은 무엇입니까?

6. 거듭남이 성령의 도우심으로 이뤄진다는 사실이 당신에게 어떠한 위로를 줍
   니까?

회심의 핵심은 우리가 주님께 순종하면서 드리는 일평생에 걸친 도덕적
이며, 영적인 삶의 방향 전환이다.
- 싱클레어 퍼거슨

9장

구원에 있어 회심이

필요합니까?

구원의 길에 있어서 회심을 바르게 이해하여야 합니다. 회심은 거듭난 그리스도인의 삶에 있어서 무엇보다도 중요합니다. 그런데 오늘날 교회에서 이상한 소리를 듣습니다. 그것은 회심 없이도 그리스도인이 될 수 있다는 생각입니다.[45] 또한 회심 없이 삶의 마지막 날까지 육신적인 상태로 그리스도인으로 살 수 있다는 생각입니다.[46] 그러나 회심이 없이는 구원은 없습니다.

성경은 회심에 대하여 세심하게 강조하고 있습니다. 구약성경에서 회심으로 쓰여진 단어는 "슈브"입니다. 이 말은 일련의 행위를 바꾸거나, 거절하거나, 되돌려 멈춰 서게 하는 것을 의미합니다.[47] 이 말은 인간이 하나님을 대적한 반역

---

45 싱클레어 퍼거슨, 「진짜 회심」, 우상현 역, (고양: 우리시대, 2017), 18.

46 싱클레어 퍼거슨, 18.

47 싱클레어 퍼거슨, 26.

으로부터 돌아서서 다시 하나님께로 돌아가는 것 즉, 완전한 되돌아섬을 의미합니다.[48] 그런데 구약에서 회심이 자주 나타나는 곳은 하나님과의 언약관계를 나타내는 장면입니다. 그런 의미에서 회심은 하나님의 언약과 관련이 있다고 할 수 있습니다. 싱클레어 퍼거슨은 이것에 두 가지 의미가 있다고 보았습니다.

> "1. 회심은 하나님과 하나님께서 자신의 백성과 맺으신 언약을 거슬러 죄를 범했다는 사실을 인식하는 것이다. 2. 회심은 여호와께서 우리를 위한 자신의 언약 안에서 이루신 은혜의 계획에 따라 죄로부터 돌이키는 일이다."[49]

결국 구약에서 보여주는 회심의 모습은 죄로부터 돌아섬이고 하나님께로 돌아가는 것을 함의한다고 할 수 있습니다. 이러한 회심은 신약성경에서도 발견됩니다. 특별히 신약성경은 회심에 대하여 세 가지 단어를 통하여 말씀합니다. 첫째는 '에피스트레포'(되돌아선다)입니다.(사도행전 26:20) 둘째는 '메타메로마이'(후회한다)입니다.(마태복음 21:29, 32, 고린도후서 7:8) 셋째는 '메타노에오'(과거의 어떤 것을 알고 있거나 인식하는 것)입니다. 이 표현은 우리의 과거 행위를 다른 관점으로 보는 일입니다. 기본적으로 '메타노에오'는 마음의 변화를 포함합니다.[50]

이렇게 볼 때 회심은 단지 죄에 대한 감정의 후회 정도가 아닙니다. 이것은 말 그대로 후회이지 회심이 아닙니다. 성경적 회심은 우리 자신의 처지를 인식하게

---

48   싱클레어 퍼거슨, 26.

49   싱클레어 퍼거슨, 27-28.

50   싱클레어 퍼거슨, 29-30.

하는 후회의 감정 정도가 아닙니다. 우리의 죄악된 방향에서 되돌아서게 하는 근본적인 반전이며, 우리 안에 완전히 다른 심령을 창조합니다.[51] 그런 의미에서 회심의 핵심을 아는 것이 중요합니다.

"회심의 핵심은 우리가 주님께 순종하면서 드리는 일평생에 걸친 도덕적이며, 영적인 삶의 방향 전환이다."[52] 회심은 해도 되고 안 해도 된다고 생각하는 무지에 대하여 성경이 무엇이라 말하고 있는지 분명하게 들을 수 있어야 합니다. 회심이 없이는 구원이 없습니다. 회심은 철저한 삶의 방향 전환입니다. 회심은 자아 중심에서 그리스도 중심으로 돌이키는 일입니다. 그래서 데이비드 웰즈는 그리스도께로 돌아가는 것이 회심이라고 말합니다.

"자아를 섬기고 우상을 숭배하는 행위와 죄를 버리고, 십자가의 죽음으로 하나님께 긍휼과 용서를 받을 수 있는 근거를 마련하신 그리스도께로 돌이키는 것이다."[53]

회심은 죄를 버리고 나를 위하여 십자가를 지신 그리스도를 영접하는 순간에 이뤄집니다. 그러나 회심이 언제 이뤄지는지는 사람마다 다릅니다. 그것은 회심이 전적으로 하나님의 은혜로 되기 때문입니다. 하지만 회심이 일어났음을 회심한 사람은 압니다. 자기 안에 새로운 변화가 일어났기 때문입니다.

---

51   싱클레어 퍼거슨, 33.

52   싱클레어 퍼거슨, 33.

53   데이비드 웰스, 『하나님께로 돌아오라』, 조계광 역, (서울: 지평서원, 2014), 29.

회심의 방식

회심은 두 가지 차원에서 구분하기도 합니다. 첫째는 내부자의 회심이고 둘째
는 외부자의 회심입니다. 그 내용을 좀 더 살펴보면 다음과 같습니다.

> "내부자의 회심이란 그리스도께로 나오기 전에 이미 믿음에 관한 지식
> 을 가지고 있었던 사람들이 경험하는 회심을 가리킨다. 구약성경을 믿는
> 유대인이거나 기독교 가정에서 성장한 사람, 또는 기본적인 성경의 진리
> 를 알고 있으면서도 그리스도와 인격적인 관계를 맺지 못했던 교인들의
> 회심이 이 범주에 속한다. 한편 외부자의 회심이란 기독교에 대한 사전
> 지식이 없거나, 회심으로 인해 이전의 신념과 행위를 포기해야 할 사람
> 들이 경험하는 회심을 가리킨다. 힌두교나 이슬람교, 불교와 같이 기독
> 교 이외의 종교를 믿었던 사람들이나, 마르크스주의나 서구적 세속주의
> 같은 이데올로기를 신봉했던 사람들의 회심이 이 범주에 속한다."[54]

종교적인 신앙에 있었던 사람들이 경험하는 회심은 대부분 극적이지 못할 수
있습니다. 이러한 회심의 대표적인 사람이 있다면 존 칼빈을 들 수 있습니다. 칼
빈은 극적인 회심이 없었지만 하나님의 은혜로 자신의 회심을 인식하였습니다.
그러나 바울과 어거스틴 그리고 루터는 내부자의 회심이지만 극적인 모습이라
할 수 있습니다. 바울은 다메섹 도상에서 예수님이 만나 주심으로, 어거스틴은
성경을 집어 읽으라는 말씀 가운데, 루터는 이신칭의에 대한 복음의 발견 가운

---

54 데이비드 웰스, 32.

데 내부자로서의 회심을 경험합니다.

반면에 무신론자의 회심은 극적인 경우가 대부분입니다. 물론 극적인 경험을 한 사람들이 모두가 무신론자라고 할 수는 없습니다. 그러나 일반적인 현상입니다. 자신에게 일어난 대변화를 몸으로 체험하기 때문입니다. 그리고 적극적으로 그리스도를 위하여 살려는 몸부림이 생겨납니다. 자주 장수 루디아의 회심, 빌립보 감옥의 간수의 회심, 인도의 대표적인 기독교인 선다싱, 우리나라의 길선주와 같은 경우 외부자로서의 극적인 회심이라 할 수 있습니다. 그래서 회심의 날의 감격을 잊지 못합니다.

이렇게 회심은 두 가지 모습으로 나타납니다. 회심은 죄의 자리에서 하나님께로 돌아오는 일입니다. 세상의 삶에서 하나님 나라의 삶으로의 전환을 의미합니다. 앞서 보았듯이 구약성경은 회심에 대하여 이중적으로 말하고 있습니다. 그것은 회심이 하나님의 사람들을 돌이키게 하시고 또한 사람들이 그분께로 돌아온다는 측면입니다.[55] 이러한 모습은 신약성경도 동일합니다.[56] 이렇게 회심은 구원의 중요한 요소입니다(누가복음 13:3, 5).

회심이 없이는 결코 하나님의 영광을 맛볼 수 없습니다. 리차드 박스터는 비회심자들에게서 보여지는 세 가지 모습이 있다고 하였습니다.

"첫째, 악인은 자신의 최고 만족을 땅에 둡니다. 둘째, 악인은 출세하고 세속적인 목표를 달성하는 것을 자기 인생의 최고 중요한 일로 삼는 자들입니다. 셋째, 악인의 영혼은 결코 구속의 신비를 분별하거나 맛보지

---

55 데이비드 웰스, 35.

56 데이비드 웰스, 37–38.

못합니다."[57]

    반면에 회심한 성도들은 스스로 죄인임을 느끼면서 자신이 하나님과의 평화와 천국에 대한 소망들을 상실했으며, 영원한 지옥 형벌을 받을 위험에 처해 있음을 깨닫고 감사하면서 구속사건을 받아들입니다.[58] 그런데 심각한 문제 가운데 하나가 있습니다. 그것은 회심에 대한 사람들의 오해입니다. 회심에 대하여 바른 고백을 가지고 있어야 합니다. 참된 회심은 확실한 변화를 가져옵니다.

    회심의 자리로 와야 구원의 영광을 누릴 수 있습니다. 자신이 회심했는지를 살피는 것이 그래서 중요합니다. 더구나 회심을 강조하는 것은 하나님은 악인이 멸망하는 것을 기뻐하지 않고 돌아오는 것을 기뻐하시기 때문입니다. 그래서 돌아오라고 말씀하십니다.

    회심한 자에게는 영원한 선물이 주어집니다. 이 땅에서 성령이 함께하는 선물뿐 아니라 영원한 나라에서 생명나무의 열매를 마시면서 하나님을 대면하여 보는 영광을 누립니다. 이것은 오직 회심한 성도인 구원받은 백성에게만 주어집니다. 그러므로 회심의 자리로 나오시기 바랍니다.

---

57   리차드 박스터, 『회심』, 백금산 역 (서울: 지평서원, 1999), 95-99.

58   리차드 박스터, 100.

더 깊은 나눔을 위한 질문

1. 회심이 무엇입니까?

2. 회심은 두 가지 차원에서 구분되기도 합니다. 각각을 설명해 보십시오.

3. 회심 없는 구원은 있을 수 없습니다. 그 이유가 무엇입니까?

4. 회심의 경험을 서로 나누어 봅시다.

회심한 사람들의 가장 내밀한 생각과 욕구에는 엄청난 변화가 생긴다.
그래서 그리스도를 위해 일하고자 하는 열망을 가지게 되고 동기가 순수
해진다.
- 피터 마스터스

10장
참된 회심의 표지가
있습니까?

    회심에 대하여 살펴보았습니다. 회심이 우리에게 있어서 중요한 것은 사실입니다. 그러므로 회심을 바로 아는 것 역시 중요합니다. 물론 우리의 회심은 하나님 앞에서 온전히 밝혀질 것입니다. 그러나 이 땅에서도 우리는 회심의 증거를 살펴볼 수 있습니다. 지금부터 함께 살펴보려고 하는 것은 참된 회심의 표지입니다.

    회심의 표지를 살펴보는 것은 많은 사람들이 회심의 표지도 없으면서 교회를 위하여 헌신하고 있기 때문입니다. 오늘날 복음주의 신앙은 죄와 회개를 경시한 채 복음의 혜택만을 강조하는 경향이 강합니다. 세계 교회뿐 아니라 한국 교회의 모습에서도 성장에만 몰두한 나머지 죄와 회개에 대하여 무감각한 것을 볼 수 있습니다.

    죄와 회개에 대하여 무감각하게 되면 교회는 친목 단체로 떨어지고 영혼의 구원받음은 사라집니다. 그래서 열심히 일하면 회심하였다고 착각하는 경우가 많습니다. 결국 이것은 심각한 영적 불행을 낳게 됩니다. 이러한 불행을 피하기 위하여 회심의 바른 표지를 아는 것이 중요합니다. 물론 이것은 자의적이지 않습니다. 성경의 가르침을 통하여 드러난 가르침입니다. 특별히 초대 교회의 모습을 통하여 살펴볼 수 있습니다. 그렇다면 회심한 성도에게 나타나는 표지는 어떤 모습입니까?

첫째, 전인격적으로 하나님을 사랑합니다. 회심한 성도에게 나타나는 분명한 표지는 마음과 뜻과 정성을 다하여 하나님을 사랑합니다. 그리고 그 사랑은 예배를 통하여 실천됩니다. 회심한 성도는 단지 형식적으로 예배하고 믿는다고 말할 수 없습니다. 내주하시는 성령께서 하나님을 향한 사랑을 강력하게 주장하시기 때문입니다.

그래서 회심한 성도에게 나타나는 모습은 하나님을 향한 전인격적인 사랑입니다. 의지와 감정과 생각을 다하여 하나님을 사랑합니다(요한복음 5:42). 이것이 가능한 것은 하나님이 자신을 사랑하사 독생자를 주셨음을 알기 때문입니다. 그 사랑을 알기에 하나님을 향한 마음이 불 일 듯 일어납니다.

하나님을 사랑하는 것은 하나님의 모든 것에 순종한다는 의미입니다. 이것은 예수님께서 보여주시고 말씀하셨듯이 자신의 십자가를 지고 따르는 일에 감사함으로 순종하는 것입니다. 하나님을 사랑하고 이웃을 사랑하는 일은 참된 성도의 자연스러운 모습입니다. 그런 의미에서 자신의 삶의 우선순위가 어디에 있는지 늘 살피는 것은 중요합니다. 하나님을 사랑한다고 하면서 여전히 세상과 겸하여 사랑하고 있다면 이것은 회심한 성도의 모습은 아닙니다. 회심한 성도는 하나님과 세상을 함께 섬기지 않습니다. 이것은 이방인들이나 하는 일입니다.

성도는 오직 하나님만을 전인격적으로 사랑합니다.

둘째, 죄에 대하여 계속하여 회개합니다. 사도행전 2장 37-38절은 초대 교회 성도들이 복음을 받고 자신의 죄를 철저하게 인식하는 것을 볼 수 있습니다. 사람들은 복음을 듣자 마음이 찔립니다. 이 말은 죄에 대한 수치심과 근심과 용서를 구하는 진정한 애통이 있음을 의미합니다.[59] 이렇게 죄에 대한 확신은 죄에 대한 회개로 나갑니다. 회개는 강렬한 감정입니다. 회개는 죄에 대해 깊이 근심하고 하나님께로부터 죄 용서받음에 대한 큰 부담을 느낄 때에만 느낄 수 있는 감정입니다.[60] 그러므로 "자신의 마음이 부드러워져서 그리스도를 영접할 수 있게 되었다는 생각은 비극적인 환상에 불과하며, 성경이 말하는 회심과 전혀 같지 않습니다"[61] 이런 측면에서 성공을 위한 간증은 매우 위험한 일입니다.

회개는 마음의 변화 혹은 역전, 죄에서부터 하나님께로 돌아섬을 말합니다. 죄를 깨닫게 되면 죄에 대한 수치심을 느끼고 죄를 떠나 다른 사람이 되고 싶다고 갈망하게 됩니다.[62] 죄에 대하여 슬퍼하고 죄가 가져다주는 열매에 비통함을 가질 때 비로소 회개의 자리에 설 수 있습니다. 죄에 대한 슬픔이 없다면 결코 죄를 회개하는 자리에 설 수 없습니다. 그러나 죄를 아는 자는 죄가 가져다주는 슬픔으로 인하여 회개의 자리에 나갑니다. 이렇듯 회심은 언제나 죄와 불순종에서 돌이켜 그리스도를 바라보며 하나님의 은혜를 받아들입니다.[63]

---

59   피터 마스터스, 『영혼의 의사』, 손성은 역 (서울: 부흥과개혁사, 2005), 93.

60   피터 마스터스, 93.

61   피터 마스터스, 94.

62   피터 마스터스, 94.

63   데이비드 웰스, 49.

셋째, 성경을 사모하고 말씀 듣기를 기뻐합니다. 회심은 단독적인 사건으로 그치는 것이 아니라 그 이후 이어지는 생활 전체와 관련됩니다. 회심은 새로운 삶을 시작하는 탄생의 순간입니다.[64] 그러므로 이전의 생활에서 떠나 새로운 생활로 변화됩니다. 이러한 변화된 삶의 시작은 말씀에 대한 강렬한 열망으로 나타납니다. 말씀을 사모하는 것이 바로 회심한 자의 첫 사랑입니다. 이렇게 참된 회심자는 말씀을 사모하고 그 말씀에 순복합니다. 그리고 하나님의 말씀에 사로잡혀 살고 순종하며 살기를 기뻐합니다.

회심한 성도는 자연스럽게 성경을 사모하고 그 말씀 듣기를 기뻐합니다. 어렵고 힘들어서 버려두는 것이 아니라 너무 재미있어합니다. 이 말은 성경 말씀을 배우고자 하는 마음이 열려 있다는 의미입니다.(고린도전서 2:14) 그래서 말씀을 배우는 것을 기뻐합니다. 그러나 여기서 중요한 사실은 회심한 성도들은 말씀을 사랑하는 일에 지속적이라는 사실입니다. 상당수의 사람들이 빨리 뜨거워졌다가 쉽게 식어지는 것을 볼 수 있습니다. 이것은 참된 회심의 표지라고 볼 수 없습니다. 참된 성도는 하나님의 말씀을 새롭게 보며 그 말씀에 순종하면서 끝까지 말씀에 사로잡혀 살아갑니다.

넷째, 성도의 교제를 나누기를 원합니다. 참된 회심은 성도의 교제를 기뻐합니다. 이 세상의 것들을 바라보는 것에서 성도와의 교제를 소중히 여기는 것입니다. 이것이 회심한 자에게 나타나는 것입니다. 그러므로 자신은 회심하였다고 생각하면서 여전히 세상 사람들과 더욱 친밀하게 지내면서 성도의 교제를 소홀히 하는 것은 있을 수 없습니다. 요한 사도는 이렇게 말합니다.

---

64 데이비드 웰스, 50.

"우리가 형제를 사랑함으로 사망에서 옮겨 생명으로 들어간 줄을 알거
니와 사랑치 아니하는 자는 사망에 거하느니라"[요한일서 3:14]

형제 사랑함에 대한 확실한 말씀입니다. 참된 회심자는 불신 친구들과의 벽을
느끼게 됩니다. 이것은 고통스러운 일입니다. 그러나 은혜의 삶에 나타나는 일
입니다. 회심자는 이러한 일을 통하여 내가 하나님께 속하였다는 것을 알게 됩
니다.

물론 여기서 중요한 것은 성도의 교제를 말할 때 단순한 친교로서의 교제를
말하는 것이 아니라 신실한 믿음의 사람들을 만나고 싶고 그들과 함께 하나님
나라의 일을 하고 싶은 나눔을 말합니다. 결국 하나님의 백성은 강한 소속감과
유대감을 가지고 있습니다. 이것으로 우리는 우리가 사망에서 생명으로 옮긴 줄
을 알게 됩니다.[65]

다섯째, 기도의 실천입니다. 초대 교회에 나타나는 아름다운 모습 가운데 하나는
바로 기도입니다. 기도는 분명한 은혜의 표지입니다. 기도는 스스로 되는 것이
아닙니다. 학습으로 되는 것이 아니라는 사실입니다. 어떤 사람들은 기도도 연
습으로 되는 것이라고 말합니다. 그러나 이것은 매우 위험한 생각입니다. 기도
는 연습으로 되는 것이 아니라 성령께서 행하시는 역사입니다.

"너희가 아들인고로 하나님이 그 아들의 영을 우리 마음 가운데 보내사
아바 아버지라 부르게 하셨느니라"[갈라디아서 4:6]

65　피터 마스터스, 107.

우리 가운데 오신 성령이 우리의 기도를 도우십니다. 우리가 기도할 수 있도록 도와주시는 분이 바로 성령입니다. 특별히 회심한 자는 자신의 죄를 살피는 기도를 합니다. 개인적인 필요를 위한 기도가 아니라 죄에 대한 회개와 하나님의 은혜에 대하여 기도합니다. 그리고 하나님의 도와주심에 대하여 확신 가운데 있습니다.

그러므로 "사람들이 회심했다고 고백하면서도 생활 속에서 시험들이 닥칠 때 크게 놀라고 낙담한다면 그들이 진정으로 기도를 발견한 적이 있는지 의심스러운 것입니다"[66] 참된 회심자는 본능적으로 자신들의 문제들을 기도 가운데서 주님께 아뢰게 됩니다. 기도는 하나님을 발견하였다는 사인이기도 합니다. 회심하지 않고서는 누구라도 참된 기도의 자리에 나갈 수 없습니다. 그러므로 기도의 삶이 참된 회심자에게 반드시 나타납니다. 기도가 없다는 것은 하나님을 만나지 못했음을 의미합니다.

여섯째, 마음이 새로워지고 삶의 방향이 바뀝니다. 하나님의 은혜를 받으면 회심자의 마음이 순전하게 됩니다. 이것이 초대 교회의 모습입니다.

"은혜의 또 다른 필수적인 표지는 사도행전 2장 46-47절에 나타나는데, 그것은 타협하지 않는 참된 헌신과 충성입니다. 이것이 '순전한 마음'이란 말로 묘사되어 있습니다. 다시 말하면 회심한 사람들의 가장 내밀한 생각과 욕구에 엄청난 변화가 생깁니다. 그래서 그리스도를 위해 일하고자 하는 열망을 가지게 되고 동기가 순수해집니다."[67]

---

66 피터 마스터스, 100.

67 피터 마스터스, 101.

회심한 사람에게 나타나는 것은 이전의 삶과 분명히 다르게 살고자 하는 자발적 욕망입니다. 그래서 나눠 주는 것에 기쁨을 느낍니다. 강퍅한 마음이 사라지고 어린아이와 같이 부드러운 마음을 소유한 자가 됩니다. 이 세상의 것들을 사랑하는 것에서 떠나서 하나님께 속한 것을 더 좋아합니다. 그리고 온화한 마음이 아주 분명하게 나타납니다. 거만한 마음이 아니라 아주 자비로운 마음이 나타납니다. 겸손하게 하나님의 말씀을 받습니다. 거부하는 자세가 아니라 사슴이 시냇물을 찾기에 갈급함 같이 말씀 앞에 갈급한 심령을 갖게 됩니다. 이것이 바로 회심한 신자에게 나타나는 모습입니다.

이것은 인격이 새로워지고 삶의 방향이 바뀌는 것을 의미합니다.[68](베드로전서 4:2) 더 이상 죄와 즐기는 것을 거부하고 하나님의 뜻을 따라 살기로 작정합니다. 회심은 단지 진로의 수정이 아니라 완전한 방향 전환입니다.[69] 자신이 아니라 하나님을 삶의 주인과 삶의 목표로 삼습니다.

일곱째, 이웃을 향한 의로운 삶을 실천합니다. 예수님은 열매로 나무를 안다고 말씀하셨습니다(마태복음 7:20). 그리고 자신에 대한 불신을 가진 자들에게 자신이 하는 일이 하나님 아버지의 일이 아니라면 나를 믿지 말라고 하셨습니다(요한복음 10:37-38). 또한 사도 요한은 예수님 안에 산다고 하는 사람들은 예수님이 행하시는 일도 행하는 것이 합당하다고 하였습니다(요한일서 2:6).

회심은 단지 개인적이고 내적인 경험에 멈추는 것이 아닙니다. 회심은 철저하게 이웃을 향하여 나타납니다. 즉 삶에 새로운 변화가 외적인 실천으로 나타납니다. 바울은 신앙에 대하여 말하기를 입으로는 시인하나 행위로는 부정하는 것

---

68   데이비드 웰스, 51.

69   리차드 박스터, 105.

은 가증한 일이라고 하였습니다(디도서 1:27).

회심이 위대한 것은 이렇게 자신을 넘어서 이웃을 향하게 하기 때문입니다. 이웃을 향하여 도덕적이고 정직한 삶을 삽니다. 이웃의 아픔을 외면하지 않고 돌아봅니다. 그래서 이웃과 함께 하나님이 주시는 축복을 누리기를 기뻐합니다. 성경은 보이지 않으시는 성령께서 신자들의 삶과 행위를 통해 자신을 나타내신다고 가르칩니다(고린도전서 12:7).[70]

그러나 회심하였다고 하면서 여전히 자신의 삶만을 추구하고 있다면 그는 참된 회심을 하였다고 볼 수 없습니다. 회심은 자신을 버리고 모두를 구원하신 그리스도의 십자가의 삶을 사는 일입니다.

여덟째, 하나님이 함께하신다는 확신을 갖습니다. 회심자들이 초기에 받는 축복 가운데 하나는 확신을 경험하는 일입니다.[71] 이것은 성령의 약속입니다.

"그 안에서 너희도 진리의 말씀 곧 너희의 구원의 복음을 듣고 그 안에서 또한 믿어 약속의 성령으로 인치심을 받았으니"[에베소서 1:13]

약속의 성령께서 우리에게 확신을 주십니다. 물론 사람에 따라 다르게 느낄 수 있습니다. 어떤 사람은 강렬하게 느끼기도 하지만 어떤 사람은 아주 미약하게 느낍니다. 그러나 분명한 사실은 모두가 확실하게 하나님이 함께하심을 확신한다는 것입니다. 그 느낌을 모두가 분명하게 느낀다고 말합니다.

---

70 데이비드 웰스, 57.

71 피터 마스터스, 103.

"참된 회심자들은 이전과는 아주 다른 경험을 하게 됩니다. 세상이 줄 수 없는 평화를 맛보고 용서받은 사실을 실제로 느끼게 됩니다. 하지만 이와 같은 느낌들이 희미해질 때조차도, 새로운 회심자는 자신의 본성과 성품이 변화된 것을 확실히 알게 됩니다."[72]

물론 이 확신은 시작입니다. 그러나 변하지 않습니다. 그리고 영적인 성장과 함께 더욱 강한 확신에 이르게 됩니다. 그때까지는 오랜 시간이 걸릴 수 있습니다. 그러므로 계속하여 믿음의 싸움을 해 나가는 것입니다. 그러나 이 싸움은 확신이 있을 때 이루어집니다.

아홉째, 영적인 싸움이 치열해집니다. 참된 회심자는 사탄의 공격에 대하여 강하게 대항합니다. 이전에는 친구였지만 이제는 적이 되었기 때문입니다. 사탄은 회심자에게서 평화를 빼앗고 확신을 의심으로 만들게 하는 일에 열심을 다합니다. 사탄의 공격은 아주 집요하게 다가옵니다. 이것이 회심의 표지입니다. 여기서 기억해야 할 것은 사탄은 우리의 대적이지 하나님의 대적이 아니라는 것입니다. 그러므로 우리를 사로잡으려고 애를 씁니다. 그러나 회심한 자는 끊임없이 대항하여 싸우는 것입니다. 이것이 바로 회심한 자의 표지입니다.

이렇듯 회심은 영적인 삶에 가장 큰 영향을 미칩니다. 회심이 있어야 영적인 삶이 가능하기 때문입니다. 칼빈은 "회심은 진실로 하나님의 거듭나게 하심과 새롭게 하심의 구체적인 발현이라고 하였습니다."[73] 회심은 우리가 예수 그리스도와 연합하는 것과 관련되어 있습니다. 그리고 그 목적이 그리스도의 형상을

---

72   피터 마스터스, 104.

73   기독교 강요, 3.3.1.

우리 안에서 회복하는 것이기에, 회심은 우리가 그의 죽으심과 부활을 통해 그리스도와 연합하여 이루는 지속적이고 실제적인 삶을 말합니다.[74] 칼빈은 이것을 죄 죽임과 살리심이라고 불렀습니다.[75]

이렇듯 거듭나게 하는 회심이 우리에게 단회적으로 주어지지만 동시에 새롭게 사는 삶이라 할 수 있습니다. 그런 의미에서 회심은 믿음과 회개로 이루어진다고 할 수 있습니다. 거듭난 성도의 표지에는 반드시 회심이 있습니다. 그리고 이 회심은 믿음과 회개의 삶을 살게 합니다. 그리고 거룩한 삶을 위한 투쟁을 살아갑니다. 이러한 회심에 대한 바른 이해가 있을 때 우리는 회개와 믿음의 모습을 다시금 확인할 수 있습니다.

---

74   싱클레어 퍼거슨, 73.

75   기독교 강요, 3.3.3.

1. 회심에 대해 무관심할 때 어떤 일이 벌어집니까?

2. 회심한 성도에게 나타나는 모습은 무엇입니까? 간략하게 정리해 봅시다.

3. 칼빈은 회심을 어떻게 정의하였습니까?

4. 회심은 단회적입니까 연속적입니까? 그 이유가 무엇입니까?

5. 회심은 무엇으로 이뤄져 있습니까?

마음이 회개와 그리스도에 대한 신앙으로 같이 이끌리지 않고도 죄가 씻기는 경우는 하늘 아래 없었던 일이며 현재까지도 없었으며 앞으로도 절대로 없을 것이다.
- 찰스 스펄전

11장
회개와 죄 사함의 비밀은
무엇입니까?

회심은 죄를 버리고 나를 위하여 십자가를 지신 그리스도를 영접하는 순간에 이뤄집니다. 이것은 거듭남에 이르는 회개라고 할 수 있습니다. 그리고 거룩함에 이르는 회개가 있습니다.[76] 이번에는 거룩함에 이르는 회개에 대하여 자세하게 살펴보고자 합니다.

칼빈은 회심과 구별되는 회개를 일상적인 회개라고 불렀습니다. 그래서 우리가 끊임없이 실천하도록 명령을 받은 회개와 마치 죽었다가 살아난 것 같은 사람들의 회개는 다르다는 것을 주의해야 합니다.[77] 그러므로 우리가 그리스도 안에 거하기 위해서는 평생토록 회개 자체를 위하여 힘써야 하며, 우리 자신을 거

---

76   문병호, 『30주제로 풀어 쓴 기독교 강요』, (서울: 생명의말씀사, 2012), 186.

77   기독교 강요, 3.3.18.

기에 헌신해야 하며, 끝까지 그것을 추구해야 합니다.[78] 그리스도께서 오신 이유는 죄인을 부르기 위하여 오셨지만 동시에 그들을 불러 회개케 하시기 위함이기 때문입니다.(마태복음 9:13)[79]

특별히 일상적인 회개는 죄 사함과 병행됩니다. 죄를 뉘우치지 않는 죄인에게 죄의 용서가 주어지는 일은 결코 있을 수 없는 일입니다. 회개는 죄 용서와 함께 묶여 있습니다.[80] 죄 용서가 거룩한 삶을 살게 합니다. 구원은 지속적인 회개를 가져옵니다. 그러나 회개가 없다면 우리에게는 용서의 은혜는 없습니다. 그리고 계속하여 우리의 머리에 죄의 숯불만 쌓을 것입니다. 거룩하게 살려고 하는데 죄의 자리에 계속하여 머물러 있다는 것은 있을 수 없습니다. 달리기하는 사람이 달리면서 계속하여 뒤를 돌아보고 온갖 염려 가운데 달리지 않습니다. 거룩하게 살려는 사람은 계속하여 죄와 싸우고 믿음의 길을 걸어갑니다.

이것은 하나님의 "신성한 자비의 완전성으로 살펴보면 더욱 분명히 드러납니다. 자비함으로 죄를 용서하면서 계속 죄 가운데 살도록 한다면 그러한 자비는 뭔가 이상하며 겉모습만 자비일 뿐입니다. 그것은 한쪽 발로만 걷는 절름발이와 같으며 손 한쪽이 시든 사람처럼 기형적인 자비가 될 것입니다."[81] 하나님은 우리가 죄의 책임으로부터 자유하게 되는 것을 기뻐합니다. 그러나 동시에 죄의 권세에서 해방되어서 거룩한 삶을 살아가기를 원하십니다. 이단들이 하는 말처럼 한 번 구원은 영원한 구원이므로 아무렇게나 살아도 구원받는다는 것은 있

---

78   기독교 강요, 3.3.20.

79   기독교 강요, 3.3.20.

80   "너희가 나무에 달아 죽인 예수를 우리 조상의 하나님이 살리시고 이스라엘로 회개케 하사 죄사함을 얻게 하시려고 그를 오른손으로 높이사 임금과 구주를 삼으셨느니라 우리는 이 일에 증인이요 하나님이 자기를 순종하는 사람들에게 주신 성령도 그러하니라 하더라"[사도행전 5:30-32]

81   찰스 스펄전, 172.

을 수 없습니다. 죄의 용서를 받았는데 다시금 죄의 자리를 즐기도록 하는 것은 하나님의 자비와 아무 관계가 없습니다. 하나님의 자비하심은 우리를 과거와 현재와 미래의 모든 죄에서 지켜 주실 것입니다. 죄에서 구원하신 하나님께서 우리를 다시금 죄의 시궁창으로 보내지 않습니다. 죄의 용서를 받은 이들에게서 나타나는 반응은 바로 죄를 미워하는 일입니다. 죄와 싸우고자 하는 마음입니다. 그리고 거룩한 삶을 살고자 하는 열망을 갖습니다. 이것이 용서받은 자들에게서 나타나는 공통적인 모습입니다.

그러므로 "마음이 회개와 그리스도에 대한 신앙으로 같이 이끌리지 않고도 죄가 씻기는 경우는 하늘 아래 없었던 일이며 현재까지도 없었으며 앞으로도 절대로 없을 것입니다."[82] 이처럼 죄를 미워하는 마음과 죄를 용서받았다는 마음은 영혼 안에 항상 함께 존재합니다. 믿음이 자라면 회개도 자랍니다. 회개는 믿음처럼 일생 동안 이루어지는 은혜입니다. 하나님의 사람들은 예외 없이 다 회개의 자리에 있습니다. 남녀노소가 상관이 없습니다. 그리스도의 은혜를 받은 사람은 언제나 회개의 자리에 있습니다. 더구나 회개와 믿음은 서로 떨어질 수 없는 동반자입니다. "우리는 보이는 것을 따라 걷지 않고 믿음으로 걸으며, 회개의 눈물은 믿음의 눈 속에서 반짝입니다."[83]

그렇기 때문에 예수님을 믿는 자가 회개할 수 있습니다. 누구든지 예수님을 믿지 않는데 어떻게 회개할 수 있겠습니까? 예수님을 믿지 않으면서 회개를 어떻게 신뢰할 수 있겠습니까? 마치 나는 부모님을 믿지 못하지만 부모님 말씀대로 살아야지 하는 것과 같습니다. 이것은 거짓이고 눈속임하는 일입니다. 그러므로 예수님을 믿을 때 참된 회개를 할 수 있습니다.

---

82 찰스 스펄전, 175.

83 찰스 스펄전, 176.

회개의 구분

회개한다고 해서 다 참된 회개가 아님을 알고 있습니다. 그것은 회개의 모습 때문입니다. 회개는 일반적으로 세 가지, 자연적 회개와 율법적 회개 그리고 복음적 회개로 구분할 수 있습니다.

먼저 자연적 회개는 사람이 해서는 안 되는 일을 했다는 사실을 깨닫거나 부도덕한 일이라는 것이 드러났을 때 혹은 사람들과 자기 자신에게 수치스러운 결과가 나타났다고 판단될 때 느끼는 자연적인 슬픔과 자기 정죄를 말합니다.[84]

율법적 회개란 율법주의자에게 일어나는 후회의 감정으로서, 하나님의 법을 어길 때, 특히 자신의 커다란 죄가 자신을 영원한 심판 아래 거하게 만든다는 사실에 대한 두려움으로 말미암아 생겨나는 것입니다.[85]

복음적 회개는 그리스도의 영으로 말미암아 한 영혼 속에 심어진 은혜로운 원리요 성향으로서, 헤아릴 수 없이 많은 자신의 죄와 악을 깊이 절감하는 것입니다. 곧 이것은 거듭나서 믿음을 지니게 된 죄인이, 그러한 죄악들의 악함과 해로움으로 인하여 주님 앞에서 겸비해지고 비통해지는 훈련 과정 속에서 나타나는 것입니다.[86]

모두가 회개한다고 하지만 실상은 복음적 회개에 이르지 못하는 경우가 많이 있습니다. 그러므로 회개하여도 용서받지 못하는 불행을 맞이합니다. 예수 그리스도는 참되고 바르게 회개한 자들만을 받아 주십니다.

---

84 존 콜큰, 『참된 회개』, 홍상은 역 (서울: 지평서원, 2007), 12.

85 존 콜큰, 12.

86 존 콜큰, 12.

용서와 회개

우리는 그리스도의 긍휼, 즉 용서하시는 사랑을 믿는 양만큼 회개하게 될 것입니다. 그리고 죄와 악을 미워하는 양만큼 예수님께서 주시는 용서로 인하여 행복을 누릴 것입니다. 회개는 아프지만 용서가 주는 달콤함은 비교할 수 없는 기쁨을 선물합니다. 어린아이가 자신의 잘못한 것을 인정하지 않고 고집 피우면 고통이 지속되지만 자신의 잘못을 인정하고 용서를 받으면 웃음을 찾게 됩니다. 그때 누리는 행복을 어떻게 설명할 수 있겠습니까? 회개는 하나님이 주시는 용서의 큰 선물을 받아 누리는 행복입니다.

회개는 이전에 사랑했던 죄를 떠나는 것이며, 그렇게 함으로써 진실하게 죄지은 것을 슬퍼하는 모습입니다. 그러나 용서를 받게 하는 요인을 회개라고 생각하지 말아야 합니다. 용서에 따라 회개가 옵니다. 당신이 우리 주 예수 그리스도의 은혜와 당신이 죄를 씻기 위해 그분이 준비하신 것을 알게 되기까지는 회개할 수 있다고 기대해서는 안 됩니다. 이 두 가지 축복들을 서로 관련지어서 살펴보아야 합니다.[87] 회개와 용서라는 두 기둥 사이를 통과하지 않고 하나님에게 곧장 나아갈 수 있는 사람은 아무도 없습니다. 그런데 회개와 용서는 오직 그리스도의 은혜로 주어집니다. 우리가 죄로부터 용서받음과 날마다 회개의 자리로 나가는 것은 모두가 그리스도의 은혜입니다. 그렇지 않다면 우리는 결코 회개의 자리에 나갈 수 없습니다. 이렇듯 그리스도의 은혜가 회개와 용서의 근원입니다. 찰스 스펄전의 말을 들어보겠습니다.

---

87 찰스 스펄전, 178.

"우리는 스스로 자신의 죄를 회개해야만 합니다. 그렇지 않으면 죄의 영향력에서 벗어날 수 없습니다. 회개하는 자는 주 예수 그리스도가 아닙니다. 그분이 왜 회개를 해야 합니까? 우리는 스스로 우리 마음과 힘을 다하여 회개하도록 해야 합니다. 의지, 사랑, 감정 이 모두가 죄를 회개하는 복된 일에 전심으로 함께 동참해야 합니다. 우리가 개인적으로 회개의 행위를 하는 배후에는 마음을 녹이고 회개를 이루며, 완전한 변화를 창조하시는 거룩한 영이 은밀하게 계십니다. 하나님의 영이 우리에게 죄가 무엇인지 알 수 있도록 조명하시고 우리의 눈에 죄가 악취가 나는 것으로 보이게 하십니다. 또한 하나님의 영은 우리를 거룩한 것으로 향하게 하시고 우리가 진심으로 거룩을 가까이하도록 하시며, 거룩을 사랑하게 하시고 거룩을 갈망하도록 만드십니다. 그리고 우리가 한 단계 한 단계씩 성화에 이르도록 우리의 마음을 자극하십니다. 하나님의 영은 우리에게 하나님을 기쁘시게 하려는 의지를 주시고 또 그렇게 하도록 우리 안에서 일하십니다."[88]

그리스도의 용서를 아는 사람이 회개의 자리에 이르게 됩니다. 용서라는 선물이 주어질 때 우리는 비로소 회개의 삶을 살 수 있는 능력이 생깁니다. 이것은 매우 중요합니다. 우리는 내가 회개하였으니까 하나님께서 용서하실 것이라는 생각을 버려야 합니다. 십자가의 용서가 없이 우리가 어떻게 죄에 대하여 회개할 수 있겠습니까? 회개는 용서라는 선물이 있을 때 나타납니다. 이것이 바로 은혜로 말미암아 구원을 받았다는 의미입니다. 그리스도의 은혜가 우리의 죄를

---

88 찰스 스펄전, 179-180.

용서하여 주셨습니다. 그리고 용서받음의 고백어 죄와 싸우는 삶으로 나타나는 것입니다.

우리의 죄가 용서받은 것은 그리스도의 의가 우리에게 전가되었음을 확증하는 것입니다. 그리스도의 의가 우리에게 입혀지지 않았다면 우리는 여전히 죄인의 모습으로 죽어가고 있을 것입니다. 칼빈은 "죄의 용서가 전파된다는 것은 사람들이 그리스도가 그들에게 구속과 의와 생명이 되시고(고린도전서 1:30), 그분을 통해, 그리고 그분의 동의 아래 그들이 하나님 앞에서 의인이요 무흠한 자로 인정되며, 이처럼 그분의 의가 그들에게 무상으로 전가되는 것이 입증된다."[89]고 하였습니다. 또한 주님은 우리에게 죄 사함을 주시면서 동시에 거룩한 삶을 요구하십니다. 이것은 의롭게 되는 것은 거룩한 삶을 사는 것을 동반하는 것을 의미합니다. 그러나 거룩한 삶이 용서의 기초가 되는 것은 아닙니다. 칼빈은 이렇게 강조합니다.

> "그것은 우리의 삶의 개선이 마치 용서의 기초가 되기 때문이 아니라, 반대로 주님이 사람들이 삶을 개선한다는 것을 목적으로 긍휼을 베푸시려 하시는 만큼, 우리가 하나님의 용서를 받고자 한다면 어떤 목적을 지향해야 할지가 입증되기 때문이다. 그러므로 우리가 이 육체의 감옥에 거하는 동안, 우리 본성의 부패 및 우리 안에 있는 본성적인 모든 것과 언제나 끊임없이 싸워야 할 것이다."[90]

그리스도의 삶은 끝까지 죄와 싸우는 삶이라 할 수 있습니다. 그리스도의 장

---

89   존 칼빈, 『기독교강요(1541)』, 박건택 역, (서울: 부흥과개혁사, 2018), 369.

90   존 칼빈, 『기독교강요(1541)』, 370.

성한 분량에 이르기까지 지속적으로 회개하는 사람입니다.

그리스도를 묵상하십시오

구원의 위대한 가르침은 예수 그리스도의 성육신과 십자가의 죽으심 그리고 부활과 승천, 재림으로 요약될 수 있습니다. 특별히 이러한 하나님의 위대한 사역 가운데 우리는 예수 그리스도의 십자가의 은혜에 대하여 집중적인 이해를 가지고 있습니다. 그래서 구원은 오직 십자가의 사건인 양 오해하기도 합니다. 그러나 이미 살펴보았듯이 구원은 예수님의 전 사역입니다. 예수님의 성육신에서 재림에 이르기까지 구원은 온전한 하나님의 은혜입니다. 그러므로 어느 것 하나 우리의 구원에 있어서 중요하지 않은 것이 없습니다. 이러한 관점 가운데 사도행전 5장 30-32절의 말씀은 좀 더 살펴보아야 합니다.

> "너희가 나무에 달아 죽인 예수를 우리 조상의 하나님이 살리시고 이스라엘로 회개케 하사 죄사함을 얻게 하시려고 그를 오른손으로 높이사 임금과 구주를 삼으셨느니라 우리는 이 일에 증인이요 하나님이 자기를 순종하는 사람들에게 주신 성령도 그러하니라 하더라"[사도행전 5:30-32]

이 말씀은 예수님의 죽음과 부활과 승천과 성령의 보내심에 대하여 알려 주고 있습니다. 특별히 예수님의 승천은 이스라엘에게 회개함과 죄 사함을 주시려는 목적이라고 말하고 있습니다. 즉 하나님께서 승천하신 예수님을 임금과 구주로 삼으신 목적이 우리의 회개에 있음을 말하고 있습니다. 그럼 구체적으로 이 문제에 대하여 살펴보려고 합니다.

첫째로 예수님의 죽으심과 부활입니다. 예수님은 우리의 모든 죄를 짊어지시고 십자가에서 죽으셨습니다. 그리고 예수님의 의로우심을 우리들에게 전가시켜 주셨습니다. 마치 헌 옷을 벗겨서 가져가시고 새 옷을 입혀 주신 것과 같습니다. 이것이 구원의 길입니다. 예수님의 죽으심은 우리에게는 한없는 은혜입니다. 우리는 더 이상 죄에 대하여 두려워할 필요가 없습니다. 죄가 죽었기 때문입니다. 그리고 예수님은 부활하셨습니다. 죄의 권세를 이기셨습니다. 더 이상 죄가 예수님을 지배할 수 없습니다. 그리고 예수님을 믿는 모든 신자들은 그와 연합하여 새 생명을 받습니다. 예수님께 연합된 자는 결코 죽음의 자리에 이르지 않습니다. 이것이 부활이 주는 영광입니다. 예수님의 죽으심과 부활하심이 우리에게 구원이라는 복된 선물을 주셨습니다. 그래서 우리는 날마다 십자가와 부활을 찬양하는 것입니다.

둘째로 그리스도의 승천입니다. 예수님의 죽으심과 부활은 승천하사 하나님 보좌 우편에 앉으시는 것으로 절정에 이릅니다. 사도행전 5장 31절을 보면 승천하신 목적이 이스라엘에게 회개함과 죄 사함을 주시기 위함이라고 밝힙니다. 승천이 영광인 것은 예수님을 믿는 신자들이 회개할 수 있는 강력한 기반을 가지게 되었기 때문입니다. 우리는 예수님의 이름으로 기도하고 그분의 용서를 받습니다. 그런데 우리의 기도를 들으시는 분이 하늘의 임금과 구주이십니다. 모든 통치의 주권자시라는 의미입니다. 그러므로 우리의 회개를 받으실 뿐 아니라 용서하실 수 있습니다.

세 번째로 성령을 보내심입니다. 예수님의 승천이 위대한 것은 죄 사함의 은혜만이 아닙니다. 우리는 이것 하나만으로도 형언할 수 없는 감사의 마음을 갖습니다. 그런데 성령을 보내사 우리로 하여금 회개의 자리에 이를 수 있게 하셨습니다. 예수님은 자신이 하나님께로 가는 것이 유익이 있는 이유를 말씀하면서 보혜사 성령이 오실 것이라고 하였습니다.

> "그러나 내가 너희에게 실상을 말하노니 내가 떠나가는 것이 너희에게
> 유익이라 내가 떠나가지 아니하면 보혜사가 너희에게로 오시지 아니할
> 것이요 가면 내가 그를 너희에게로 보내리니" [요한복음 16:7]

보혜사 성령님이 오시는 것이 우리에게 유익이라 말씀하셨습니다. 그 이유는 분명합니다. 우선 성령님께서 우리에게 예수 그리스도의 진리를 다 생각나게 하십니다. 때마다 시마다 성령님께서 우리에게 말씀을 조명하시고 깨닫게 하여 주십니다. 이것이 유익입니다.(요한복음 14:26)

또한 성령님은 우리와 영원토록 함께하십니다. 잠시 머무는 것이 아니라 영원토록 함께 하십니다. 이것은 사망의 음침한 골짜기와 같은 이 세상을 믿음으로 살아갈 수 있는 강력한 힘이 됩니다.(요한복음 14:16) 그러나 성령님의 강력한 은혜는 우리에게 필요한 모든 은혜들이 적용될 수 있도록 하심입니다. 성령님은 성부 하나님이 계획하시고 성자 하나님의 행하신 그 모든 일을 우리 각자에게 적용하여 주십니다. 그래서 우리는 각자 회개할 수 있게 되었습니다.

예수님의 승천이 준 선물은 바로 성령 하나님이시고 성령은 우리에게 회개하도록 하셨습니다. 회개는 억지로 되거나 사람들의 눈치 때문에 이뤄지는 것이

아닙니다. 회개는 성령의 값없이 주시는 은혜와 주권적인 역사입니다. 그러나 우리의 구원을 위한 예수님의 사역은 성령만을 주시는 것으로 끝나지 않습니다. 우리의 구원을 위하여 주님은 세상의 모든 것을 다 사용하십니다. 예수님은 약속하신 대로 부활하셨고 하나님 보좌 우편에 앉으셨습니다. 그리고 약속하신 대로 보혜사 성령을 우리에게 주셨습니다. 그리고 우리의 구원의 위대한 목적을 위해 모든 자연과 섭리의 사역도 거룩하게 사용하셔서 돌과 같은 마음을 제거하여 주십니다. 성령은 초자연적인 역사로 우리의 마음을 새롭게 하여 주십니다. 새로운 마음이 되지 않고서는 누구든지 회개에 이를 수 없습니다. 오직 새롭게 되어야 회개할 수 있습니다.

우리 주변에 일어나는 모든 것은 하나님의 섭리 없이 이루어지지 않습니다. 하나님의 통치권을 받으신 주님은 모든 것을 통하여 우리의 구원을 이끄십니다. 많은 사람들은 인재라고 말하였던 쓰나미 해일, 파키스탄 지진 그리고 미국의 허리케인 역시 하나님의 섭리 가운데 있음을 부인해서는 안 되는 것입니다. 우리 주님은 자연적인 것들을 통해서도 우리의 구원을 이루어 가십니다. 또한 우리가 처한 삶을 통해서 동일하게 일하십니다. 가난하고 힘든 삶이 주어졌다면 스스로 포기하지 마시기 바랍니다. 이를 통한 하나님의 섭리가 있습니다. 질병이 있다면 이것 역시 우리의 삶을 포기할 것이 아니라 하나님의 뜻을 구하는 것이 되어야 합니다. 모든 일에 우리 주님은 합력하여 선을 이루실 것입니다.

"우리가 알거니와 하나님을 사랑하는 자 곧 그 뜻대로 부르심을 입은 자들에게는 모든 것이 합력하여 선을 이루느니라"[로마서 8:28]

이렇듯 우리에게 주어진 말씀을 통하여 주님은 우리의 구원을 이루십니다. 말씀을 주셨다는 것이 얼마나 큰 위로가 되는 것입니까? 말씀은 주님께서 우리에게 행하고자 하는 모든 것을 계시하여 주신 선물입니다. 우리의 구원에 있어서 길을 알려 주신 것입니다. 무엇을 위하여 회개할 것인지 알려 주신 것이 바로 성경입니다. 그리고 오늘도 우리의 연약함을 위하여 기도하시는 성령님께서 많은 사람들의 기도를 가능케 하여 주셨습니다. 돌같이 딱딱한 마음에 구원의 기쁨을 누릴 수 있도록 성령께서 믿음의 사람들이 기도할 수 있도록 도우신 것입니다.

회개할 수 있는 것은 은혜 중에 은혜입니다. 그러므로 아무나 회개하는 것이 아니라 주님의 은혜가 임한 자만이 회개합니다. 주님께서 오늘도 우리 모두에게 회개를 주시려고 기다리고 계십니다. 우리의 어떠한 죄도 모두 사함받을 수 있습니다. 우리 주님의 품은 그 무엇으로도 측량할 수 없습니다. 바로 이 측량할 수 없는 은혜를 주시려고 승천하신 것입니다. 우리가 주님 앞에 우리의 죄를 회개하면 하늘에서는 잔치가 풍성하게 열립니다.

"내가 너희에게 이르노니 이와 같이 죄인 하나가 회개하면 하늘에서는 회개할 것 없는 의인 아흔아홉을 인하여 기뻐하는 것보다 더하리라"[누가복음 15:7]

"내가 너희에게 이르노니 이와 같이 죄인 하나가 회개하면 하나님의 사자들 앞에 기쁨이 되느니라"[누가복음 15:10]

바로 이 일이 우리 주님의 승천으로 이루어진 것입니다. 이렇게 회개는 주님의 가장 큰 행복이며 기쁨입니다. 그러나 회개하며 돌아오는 일이 결코 쉽지 않습니다. 딱딱한 우리의 심령이 부드러운 마음이 되는 것은 간단하게 되지 않습니다. 석공이 돌을 다듬듯이 되는 것이 아닙니다. 주님께서 우리의 마음을 움직이셔야 합니다. 우리가 회개의 자리에 설 수 있도록 이끄셔야 합니다. 이 일을 성령께서 우리 마음 가운데서 하십니다. 그럴 때 우리의 강퍅한 마음은 풀어지고 하나님의 존전에 무릎을 꿇게 됩니다. 이렇게 주님은 단단한 마음을 가진 자의 마음을 부드럽게 만드십니다. 주님의 손에 붙잡혀 새로운 삶을 살았던 윌리엄 홀은 주님의 주권적인 은혜를 이렇게 표현하였습니다.

"한때 가장 교만했던 나의 마음
이제는 정복되었고
한때 당신을 멸시하고 당신을 대적하던 자를 도와주었던
가장 거칠었던 나의 마음
이제는 나의 주님이 되신 분에 의해 잔잔해졌네,
나의 마음은 이제 당신의 것이오니
나의 뜻대로 마옵시고 당신의 뜻대로 하옵소서
그 능력의 말씀이신 주님께 고백할 것은 바로 이것이니,
나의 구세주 그리스도시여, 나의 하나님이시여, 나의 주님이시여
당신의 십자가는 나의 표지가 될 것입니다."[91]

주님은 그 어떤 사람이라 할지라도 온전하게 바꾸어 놓을 수 있는 분입니다. 흉악한 사형수들이 온순한 양같이 변한 사실들을 우리는 종종 듣고 있습니다. 사람의 힘이 아닙니다. 주님께서 하시는 일입니다. 그러므로 온전히 주님께 맡

91   찰스 스펄전, 188.

긴다면 주님께서 우리를 회개케 하사 새로운 삶을 살게 하실 것입니다. 스스로의 의지가 아니라 전적인 믿음으로 맡길 때 하나님의 역사가 일어납니다.

오늘 우리들이 할 일이 있다면 십자가에서 우리를 위하여 물과 피를 다 쏟으신 그리스도를 바라보는 것입니다. 우리를 사랑하시되 죽기까지 사랑하신 주님을 생각하는 일입니다. 우리가 온 마음을 다하여 주님을 바라보면 주님은 우리를 기꺼이 받으실 것입니다. 나의 모든 죄를 짊어지시고 십자가의 온갖 수치를 참으시고 나를 사랑하신 주님께 나가야 합니다. 내 안에 모든 죄를 숨기지 마시고 정직하게 주님 앞에 맡길 때 사랑의 많으신 주님의 손길을 느끼게 될 것입니다.

지금 마음의 문을 열고 믿음으로 맡기시기 바랍니다. 그러면 주의 성령께서 우리를 받으십니다. 그리고 우리를 위하여 죽으셨던 주님은 성령을 통하여 우리를 죄에 대하여 죽게 하십니다. 동시에 예수 그리스도를 위하여 살게 하십니다. 그러므로 모든 마음을 여시고 주님께 드리시기 바랍니다.

더 깊은 나눔을 위한 질문

1. 구원받은 사람도 날마다 회개해야 하는 이유가 무엇입니까?

2. 예수 그리스도의 용서를 아는 사람이 회개의 자리에 이르게 됩니다. 그 이유가 무엇입니까?

3. 구원은 예수 그리스도의 전(全) 사역이라 할 수 있습니다. 그 내용을 간략하게 정리해 봅시다.

4. 마음의 문을 열고 믿음으로 우리의 전 인격을 주님께 맡기는 것은 어떤 의미입니까?

거짓된 회개를 하면서 하나님께 영광을 돌리고 있다는 착각을 가질 때가 많습니다. 우리의 내면을 정직하게 살피면서 바른 회개를 통하여 하나님께 영광을 돌릴 수 있어야 합니다.

12장

거짓된 회개를

들어보셨습니까?

신앙생활 가운데 가장 우려스러운 것은 회개를 하였으면서도 회개에 대하여 인식하지 못하는 것이며, 둘째는 회개를 하지 않았으면서도 회개를 하였다고 생각하는 자세입니다. 그러므로 회개에 대한 온전한 이해와 정직한 자세를 갖는 것이 중요합니다. 우선 회개에 대한 바른 정의를 가지고 있어야 합니다. 이 부분에 있어서 존 칼빈의 생각을 듣는 것이 유익합니다.

"회개란 [1] 하나님과 그분이 보여주시는 길을 따르기 위한 우리 삶의 참된 돌이킴이요, [2] 가식 없이 올바른 하나님 경외에서 비롯되는 돌이킴이며, [3] 우리 육신 및 옛 사람의 죽이기와 영의 살리기로 구성되는 돌이킴이다."[92]

회개의 핵심은 바로 "돌이킴"이라고 할 수 있습니다. 철저하게 자신의 죄를 인정하고 죄에서 자유롭게 해 주시는 예수님께로 돌아가는 것이 바로 회개입니다. 특별히 칼빈은 회개에 있어서 죽이는 일과 살리는 일을 강조합니다.[93] 회개는 죄를 죽이는 일입니다. 죄를 진심으로 미워하게 되면 죄인 된 자신의 모습이 얼마나 비참한지를 알게 되고 회개의 자리에 있게 됩니다. 그리고 죄의 상태에서 회복됩니다. 죄를 통회하는 자리에서 용서함을 받아 다시 살아나는 은혜를 얻게 됩니다. 그리고 거룩하고 헌신된 삶을 살고자 하는 열심을 갖습니다. 그러므로 우리가 회개를 말할 때 이 정의에 합당한 모습을 가지고 있는지 살피는 것이 매우 중요합니다.

회개는 본성의 열매가 아닙니다. 은혜의 결과입니다.[94] 회개할 수 있는 은혜가 없이는 누구도 회개의 자리에 나올 수 없습니다. 그러므로 회개는 노력의 결과가 아니라 성령이 주시는 은혜입니다. 성령은 우리에게 죄에 대하여 각성하게 하십니다. 그래서 회개의 자리로 오게 합니다. 죄에 대하여 각성하지 않으면 회개를 할 수 없습니다. 회개는 죄에 대한 각성에 있습니다.(시편 51:3) 특별히 죄에 대한 각성은 죄의 해악됨에 대한 깨달음입니다.[95] 이러한 의식이 참된 회개를 가능케 합니다.

---

92 존 칼빈, 『기독교강요(1541)』, 364.

93 기독교 강요, 3.3.3. "죽이는 일(mortification)은 죄를 깨닫고 하나님의 심판을 알게 됨으로써 품게 되는 영혼의 슬픔과 두려움입니다. 그리고 살리는 일(vivification)은 사람이 죄를 의식하여 슬픔을 갖고 하나님을 두려워하여 완전히 무너진 상태에서 다시 하나님의 선하심을 바라보게 되면 스스로 일어나게 되고 마음을 가다듬게 되며 용기를 갖게 되고, 말하자면 죽음에서 생명으로 되돌아오는 것을 의미합니다."

94 존 콜큰, 19.

95 존 콜큰, 25.

거짓된 회개

우선 살펴볼 것은 거짓된 회개입니다. 이것은 매우 중요합니다. 왜냐하면 우리가 행하고 있는 회개의 모습 가운데 회개가 아닌 것이 많이 있기 때문입니다. 회개에 대하여 바른 지식을 가지고 있지 않으면 헛된 회개가 되고 의미 없게 됩니다. 그것은 하나님 앞에 용서를 받을 수 없습니다. 그러므로 참된 회개의 자리에 서야 합니다. 그러기 위해서 우리는 거짓된 회개의 실체가 무엇인지 정확하게 알고 있어야 합니다. 그래야 참된 회개를 할 수 있습니다. 조셉 얼라인은 거짓된 회개의 특징을 여섯 가지로 설명하였습니다.

> "첫째로 기독교를 믿는다고 고백하는 것이 곧 회개는 아닙니다. 둘째는 세례를 받는 것이 곧 회개는 아닙니다. 셋째, 회개는 도덕적 의에 근거하지 않습니다. 넷째, 겉으로 경건의 규율을 지킨다고 해서 다 되는 것이 아닙니다. 다섯째, 회개는 교육, 인간의 법 혹은 형벌로 단순히 부패를 방지하는 것이 아닙니다. 여섯째, 회개는 조명을 받거나 깨닫거나 혹은 피상적인 변화나 부분적인 개혁을 한다고 해서 이루어지는 것이 아닙니다."[96]

조셉 얼라인의 여섯 가지 특징만으로도 거짓된 회개의 모습을 파악할 수 있습니다. 그러나 거짓된 회개의 모습에는 더욱 다양한 얼굴이 있습니다. 그래서 좀 더 세밀하게 그 모습을 살펴보는 것이 유익합니다. 회개가 없이는 거룩한 삶

---

[96] 조셉 얼라인, 『회개의 참된 의미』, 이길상 역, (서울: 목회자료사, 1993), 19-23.

이 없고, 거룩한 삶이 없이는 그리스도의 영광을 나타내지 못하기 때문입니다. 그런데 거짓된 회개를 하면서 하나님께 영광을 돌리고 있다는 착각을 가질 때가 많습니다. 우리의 내면을 정직하게 살피면서 바른 회개를 통하여 하나님께 영광을 돌릴 수 있어야 합니다. 이제 그 실체를 하나씩 살펴보겠습니다.

첫째, 회개는 후회하는 감정이 아닙니다. 회개는 두려워서 어쩔 수 없이 뉘우치는 것이 아닙니다. 회개는 하나님과 사람들에게 미안한 마음이 아닙니다. 그러나 많은 사람들이 회개에 대하여 잘못 알고 있는 경우가 많습니다. 죄에 대하여 후회하는 것이 거짓된 이유는 잠시 후에 곧 죄의 자리로 돌아가기 때문입니다. 후회하는 마음은 금방 잊힙니다. 그리고 다시 본성에 따라 살아갑니다. 존 콜큰은 "거짓된 참회자가 범죄를 억제하는 데 성공한다 할지라도, 그는 자신이 알고 있는 의무를 부주의하게 행하거나 외면한 삶을 계속 살아갈 것이다."[97]라고 하였습니다. 그래서 하나님을 예배하면서도 사람을 향해서는 무정한 삶을 계속 살아갑니다. 그리고 복음을 자랑하면서도 동시에 세상과 타협하는 일을 멈추지 않습니다. 또한 "온갖 공개적인 죄를 미워하는 양심을 가지게 된다 할지라도, 암묵적인 질투, 은밀한 교만, 자기 의, 자기 사랑, 세속적인 생각들, 악의, 불신앙, 또는 어떤 은밀하고 가증한 일들 등과 같은 자기 마음 죄에 대해서는 개의치 않습니다."[98]

후회하는 감정과 회개를 혼동하면 안 됩니다. 회개의 기도는 단지 후회하는 것이 아닙니다. 자신의 한 일에 대해 한탄하는 것이 회개가 아닙니다.

---

97 존 콜큰, 132.

98 존 콜큰, 132.

둘째, 교회 나온다는 것이 곧 회개를 의미하지 않습니다. 그 대표적인 것이 바로 사데와 라오디게아 교회입니다.

> "사데 교회의 사자에게 편지하기를 하나님의 일곱 영과 일곱 별을 가진 이가 가라사대 내가 네 행위를 아노니 네가 살았다 하는 이름은 가졌으나 죽은 자로다 너는 일깨워 그 남은 바 죽게 된 것을 굳게 하라 내 하나님 앞에 네 행위의 온전한 것을 찾지 못하였노니 그러므로 네가 어떻게 받았으며 어떻게 들었는지 생각하고 지키어 회개하라 만일 일깨지 아니하면 내가 도적같이 이르리니 어느 시에 네게 임할는지 네가 알지 못하리라"[요한계시록 3:1-3]

사데 교회는 이름은 거창하지만 실상은 아무것도 없는 교회의 전형적인 모습을 잘 보여주고 있습니다. 우리는 종종 팥 없는 찐빵이라는 말을 합니다. 찐빵이라는 이름은 있지만 찐빵이 아닙니다. 이름만 그럴듯하게 있지 실제의 삶은 없는 것처럼 사람을 허탈하게 만듭니다. 마치 경건의 모양은 있지만 경건의 능력이 상실된 교회입니다. 이것은 죽은 교회입니다. 사람들에게 천국의 소망을 줄 수 없는 교회는 교회가 아닙니다. 이름만 교회라면 그것은 교회가 아닙니다.

우리는 무늬만 그리스도인이라는 말도 종종 듣습니다. 이것은 결코 자랑스러운 말이 아닙니다. 겸손의 표현으로도 이러한 말은 써서는 안 됩니다. 이것은 죽은 자의 묘지에나 있는 표현입니다. "네가 살았다 하는 이름은 가졌으나 죽은 자로다." 이 말은 참으로 씁쓸하게 만듭니다. 육체는 살아 있지만 영은 죽은 자입니다. 그래서 회개하라고 촉구합니다. 이렇듯 교회 나오는 것이 회개하였음을 담보하지 않습니다. 이러한 모습은 라오디게아 교회도 동일합니다.

"라오디게아 교회의 사자에게 편지하기를 아멘이시요 충성되고 참된 증인이시요 하나님의 창조의 근본이신 이가 가라사대 내가 네 행위를 아노니 네가 차지도 아니하고 더웁지도 아니하도다 네가 차든지 더웁든지 하기를 원하노라 네가 이같이 미지근하여 더웁지도 아니하고 차지도 아니하니 내 입에서 너를 토하여 내치리라"[요한계시록 3:14-16]

　주님께서 책망하시는 라오디게아 교회는 분명한 영적 자세가 없습니다. 그래서 주님은 분명한 신앙고백을 요구하십니다. "네가 차지도 아니하고 더웁지도 아니하도다 네가 차든지 더웁든지 하기를 원하노라" 주님은 차든지 더웁든지 그 정체성을 분명하게 하라고 말씀합니다. 이러한 사람은 교회는 오는데 왜 오는지 모릅니다. 그리고 알려고 하지 않습니다. 오직 자신의 마음만 평안하면 됩니다. 그러기에 회개와는 거리가 먼 사람들입니다.

　우리의 신앙이 분명한 고백을 가지고 있지 않다면 우리는 영적으로 가련한 자가 될 수 있습니다. 외적인 모습이 그럴듯하다고 하여서 내적인 모습도 온전하다고 생각할 수 없습니다. 하나님을 아는 지식과 그의 은혜의 복음에 대하여 분명하게 고백하지 않는다면 부요하게 보이나 실상은 가난하고 가련한 자입니다.

　이것은 입으로는 예수님을 주라고 고백하지만 행위로는 부인하는 자들입니다.(디도서 1:16) 이러한 사람들은 참으로 회개한 사람이라고 말할 수 없습니다. 그러나 많은 사람들이 예수님을 믿고 있다는 그 자체 혹은 교회에 나온다는 것으로 회개하였다고 생각합니다. 하지만 이것은 자기만족이지 참된 회개가 아닙니다. 사람들은 얼마든지 개종할 수 있습니다. 그러나 회개하지 않을 수 있습니다. 또한 중언부언으로 하는 회개는 참된 회개가 아닙니다. 누구든지 주여 주여 한다고 해서 천국 백성이 되지 않습니다. 부르짖는 것은 중요하지만 의미 없는 부르짖음은 참된 회개에 이르지 못합니다.

셋째, 죄에 대한 회개 후에 마음에 평안이 왔다는 사실이 회개를 의미하지 않습니다. 어떤 사람들은 감성이 아주 예민합니다. 그래서 자신이 지은 죄에 대하여 애통해하고 속상해합니다. 때로 극도로 비통해합니다. 깊은 우울증에 빠진 것과 같은 상태에 이르기도 합니다. 그런데 감정이 회복되면 죄에 대한 인식이 사라지고 세상으로 달려갑니다. 마치 새벽이슬 같은 현상입니다. 해가 떠오르면 순식간에 사라집니다.

그런데 더 심각한 증상이 있습니다. 그것은 죄에 대하여 통곡하며 기도한 후에 찾아온 평안을 근거로 자신이 용서받았다고 단정합니다. 셀프용서와 같습니다. 이들은 자신이 회개하지 않았다면 이러한 평온이 없었을 것이라 생각합니다. 그래서 자신은 하나님께 용서받았다고 결론을 내립니다. 이런 사람들에게 나타나는 모습이 있습니다. "자신의 죄에 대해서는 그 어떠한 겸비한 인상도 지니고 있지 않으며, 자신의 본성적 부패함이나 의무 수행의 불완전함과 무수한 혈기들에 대한 경건한 슬픔도 지니고 있지 않습니다."[99]

경건한 슬픔이 없는 이들은 경건의 모양만 있지 경건의 능력이 없는 사람입니다. 그래서 두려움과 미안함과 후회함이 사라지면 다시금 세상으로 슬그머니 나갑니다. 거짓된 회개는 경건의 능력을 볼 수 없습니다.

---

99   존 콜큰, 136.

넷째, 성례에 참여하는 것이 회개가 아닙니다. 사람들은 세례를 받는 것으로 회개가 이루어졌다고 생각합니다. 왜냐하면 세례를 받으면 구원받았다고 믿기 때문입니다. 그러나 참된 회개가 없이는 구원은 없습니다. 구원이 없다면 세례받는 것이 무슨 의미가 있습니까? 또한 성찬에 참여하였다는 사실로 자신은 회개한 사람이라고 착각합니다. 성찬은 매우 중요합니다. 주님이 기념하라고 하신 예식입니다. 그래서 성찬에 참여하는 것은 대단한 영광입니다. 그렇지만 그 자체가 회개를 보증하지 않습니다.

아나니아와 삽비라의 이야기를 보시기 바랍니다. 그들은 공동체의 일원으로 있었지만 구원의 자리에 들어가지 못했습니다. 회심은 반드시 거룩한 삶을 향한 열망으로 나갑니다. 그렇지 않으면 회심을 의심할 수밖에 없습니다.

누구든지 '사람이 세례받을 때 무엇을 받았든 간에 만일 그 후의 생활이 명백히 거룩하지 못하다면 반드시 철저한 그리고 능력 있는 변화에 의해 새롭게 되어야 하며 그렇지 못하면 지옥의 저주를 피할 수 없습니다.'[100] 구원은 하나님 앞에서 자신의 거룩함과 삶에 대하여 엄격하여야 합니다. 그렇지 않으면 무늬만 그리스도인이며 이는 구원의 자리에 들어가지 못합니다.

다섯째, 회개는 도덕적인 삶에 근거하지도 않습니다. 성경은 도덕성 자체를 정죄하지 않습니다. 그러나 중요한 것은 그 안에서 만족해하지 말라는 것입니다. 예수님은 바리새인들의 의를 높이 샀습니다. 그러나 바리새인을 따르지 말라고 하였습니다. 그들의 말은 들어도 좋으나 행위는 따르지 말라고 하였습니다.

---

100   조셉 얼라인, 19-20.

"내가 너희에게 이르노니 너희 의가 서기관과 바리새인보다 더 낫지 못하면 결단코 천국에 들어가지 못하리라"[마태복음 5:20]

하지만 예수님은 바리새인들을 향하여 무섭게 책망하셨습니다. 바리새인들은 외적으로 보이는 율법에는 충실하였지만 그의 속은 더러웠습니다. 그러기에 주님은 바리새인들의 외식을 책망하였습니다.

"화 있을진저 외식하는 서기관들과 바리새인들이여 잔과 대접의 겉은 깨끗이 하되 그 안에는 탐욕과 방탕으로 가득하게 하는도다 눈 먼 바리새인이여 너는 먼저 안을 깨끗이 하라 그리하면 겉도 깨끗하리라 바리새인들이여 회칠한 무덤 같으니 겉으로는 아름답게 보이나 그 안에는 죽은 사람의 뼈와 모든 더러운 것이 가득하도다"[마태복음 23:25-27]

도덕적으로 살고 있다는 것에 안주하는 것은 자신의 의를 추구하는 것이라 할 수 있습니다. 그렇기에 회개하였다고 말할 수 없습니다. 율법에 무흠하였다고 강조하였던(빌립보서 3:6) 바울은 자신을 죄인 중에 괴수라고 하였고 날마다 죽는다고 하였습니다. 결국 도덕적인 삶 그 자체가 회개를 의미하지 않음을 보여주었습니다.(누가복음 18:11)

여섯째, 겉으로 종교적 형식을 잘 지킨다고 해서 회개하는 것이 아닙니다. 바울은 경건의 모양은 있는데 경건의 능력을 부인하는 것에 대하여 책망하였습니다.(디모데후서 3:5) 경건의 능력은 없는데 모습만 남아 있는 것은 회개와 아무 의미가 없습니다. 우리의 종교적 형식이 충실하다고 회개하였다고 할 수 없습니다. 경건의 능력이 나타나지 않는 회개는 거짓된 회개입니다.

성경은 종교적인 형식으로 모든 것이 다 해결되었다고 생각하는 것에 결코 동의하지 않습니다. 오히려 그러한 형식적 모습을 기뻐하지 않음을 분명하게 밝히고 있습니다. 그 사실을 이사야 선지자의 말씀을 통하여 알 수 있습니다.

> "여호와께서 말씀하시되 너희의 무수한 제물이 내게 무엇이 유익하뇨 나는 수양의 번제와 살진 짐승의 기름에 배불렀고 나는 수송아지나 어린 양이나 수염소의 피를 기뻐하지 아니하노라 너희가 내 앞에 보이러 오니 그것을 누가 너희에게 요구하였느뇨 내 마당만 밟을 뿐이니라"[이사야 1:11-12]

종교적인 형식에 최선을 다한다고 해서 죄가 해결되지 않습니다. 회개는 어떠한 공로로 이뤄지지 않습니다. 사람들은 의식에 참여한 공로로 회개를 하였다고 착각합니다. 이 모습은 자연종교들에게서 모두 발견됩니다. 그래서 동물 앞에 향을 피우고 연신 절을 합니다. 향의 숫자에 따라 죄 문제를 해결한 것으로 생각합니다. 그렇게 자기 최면에 빠집니다. 그러나 이 모든 것은 거짓된 회개입니다. 선지자는 이러한 일에 대하여 "내 마당만 밟을 뿐이니라"고 하였습니다. 아무런 열매를 얻지 못함을 표현하는 말씀입니다. 종교적 형식을 지키는 것이 중요하지만 그것이 참된 회개를 보장하지 않음을 알고 있어야 합니다.

일곱째, 회개는 교육을 받아 영적인 지식이 많아지는 것을 의미하지 않습니다. 교육이 사람을 변화시키고 세상을 변화시킬 수 있었다면 이미 세상은 천국이 되었을 것입니다. 그러나 교육이 인간의 영적인 상태를 결코 변화시킬 수 없습니다.

교육은 은혜가 아니기 때문입니다. 교육을 통하여 사람의 부패한 본성이 변화되지 않습니다. 회개는 반드시 말씀이 심령에 들어와야 합니다. 그런데 교회의 교육 프로그램을 이수하는 것으로 회개하였음을 확신하려고 합니다. 이것은 큰 착각입니다. 회개는 교육받았다고 얻어진 것이 아닙니다. 제자훈련이라는 명목의 단계를 거쳤다고 회개가 이뤄진 것이 아닙니다. 교육은 우리의 신앙에 매우 중요하지만 자체가 회개를 보장하지 않습니다. 오히려 교육받음이 자칫 교만의 자리에 설 수 있음을 기억해야 합니다.

신앙생활에 필요한 지식이 풍성하다고 해서 참된 회개를 하였다고 볼 수 없습니다. 신앙지식이 많은 성도들과 목사들의 모습에서 종종 저급한 말을 들을 때가 있습니다. 회개와는 전혀 관계없는 모습입니다. 외식하는 바리새인의 모습으로 하는 회개는 거짓입니다.

여덟째, 회개는 말씀을 듣고 마음에 찔림을 받아서 피상적인 변화를 이룬다고 해서 이루어지는 것이 아닙니다. 헤롯은 세례 요한을 의롭고 거룩한 사람으로 알았습니다. 그러나 그는 자신의 욕망을 위하여 세례 요한을 죽였습니다. 마음에 두려움이 있다고 회개하였다고 볼 수 없습니다.

"헤롯이 요한을 의롭고 거룩한 사람으로 알고 두려워하여 보호하며 또 그의 말을 들을 때에 크게 번민을 느끼면서도 달게 들음이러라"[마가복음 6:20]

헤롯은 세례 요한의 말을 들을 때에 크게 번민하였지만 달게 들었습니다. 그것은 세례 요한의 말이 틀린 것이 아니기 때문입니다. 말씀에 대한 찔림이 있었기 때문입니다. 헤롯은 세례 요한의 말에 잠시 두려움을 가졌습니다. 그래서 말씀을 들었습니다. 하지만 헤롯은 헤로디아의 딸이 세례 요한의 머리를 요구하였을 때 허락하였습니다.[마가복음 6:21-28] 말씀이 그를 인도한 것이 아니라 자신의 명예가 더 중요한 사람이었습니다. 이것은 참된 회개를 한 사람이라고 볼 수 없습니다. 두려움으로 회개하는 것은 금방 탄로가 납니다. 거짓된 회개는 그 실체가 오래가지 않습니다.

많은 사람들이 말씀을 듣고 고개를 끄덕이고 눈물을 흘릴 수 있습니다. 그러나 그것이 회개의 증표는 아닙니다. 외적으로 그리고 피상적으로 변화는 있을지 모르지만 참된 변화는 그에게 주어지지 않았기 때문입니다. 이렇게 깨달음으로 죄에 대한 경각심을 갖는 것과 회개의 은혜로 죄를 십자가에 못 박는 것은 별개의 일입니다.[101] 우리는 죄를 지으면 양심에 가책을 느낍니다. 이러면 안 되는데 하는 생각을 갖습니다. 그러나 이러한 깨달음이 있다고 회개한 것이 아닙니다. 이에 대하여 조셉 얼라인의 충고는 깊이 새겨들어야 합니다.

"많은 사람들은 죄 문제로 양심의 고통을 겪습니다. 그런 까닭에 자기 죄를 깨닫는 것을 회개한 것으로 오해하고서 자기들의 상태에 안심을 합니다. 어떤 사람들은 방종하던 생활을 청산했기 때문에, 악한 세상 친구들이나 정욕을 끊어버리고서 정신을 차리고 살기 때문에 이제는 참으로 회개했다고 생각합니다. 그들은 거룩하게 되는 것과 점잖아지는 것이 얼마나 다른 것인가를 잊고 있습니다."[102]

---

101   조셉 얼라인, 23.

102   조셉 얼라인, 23.

많은 사람들이 양심의 힘으로 살아갑니다. 그래서 양심에 채찍이 가하면 정직하고 거룩하게 살려고 합니다. 그러나 양심의 채찍이 풀어지면 여지없이 이 세상 풍속을 쫓는 삶을 삽니다. 그러므로 깨달음과 가책이 회개는 아닙니다. 더구나 예수님을 적당히 믿으면서 어렵고 힘든 일이 있을 때마다 하는 회개는 참된 회개가 아닙니다.

구원받은 자녀에 대한 성경의 가르침은 명백합니다. 모든 것을 예수 그리스도에게 돌리고 기댑니다. 그분의 은혜만이 모든 것을 가능하게 하기 때문입니다. 거짓된 회개는 예수 그리스도와 함께 거룩한 삶을 살 수 없습니다. 그러므로 참된 회개가 필요합니다. 이것이 없다면 우리의 교회에서의 위치와 신앙의 연수 그리고 성경 지식의 깊이는 아무 의미 없습니다.

1. 칼빈이 말한 회개의 정의는 무엇입니까?

2. 죄를 죽이는 일과 살리는 일은 무슨 의미입니까?

3. 회개는 본성의 열매가 아니라 은혜의 결과라는 말은 무슨 의미입니까?

4. 거짓된 회개의 실체는 무엇입니까?

5. 거짓된 회개가 슬픈 이유는 무엇입니까?

6. 거짓된 회개의 모습에서 무엇을 배울 수 있습니까?

진실한 참회자는 악을 행할 때는 자신을 비난하지만 선을 행하면 그 영광
을 하나님께 돌린다.
- 존 콜큰

13장

참된 회개는

어떤 모습일까요?

우리는 앞에서 회개에 대한 잘못된 이해가 무엇인지 살펴보았습니다. 이제 참된 회개에 대하여 살펴보고자 합니다. 회개란 전인격적으로 나타나는 계속되는 변화입니다. 이에 대하여 하이델베르크 요리문답 88문은 다음과 같이 말합니다.

"제88문: 사람의 진정한 회개는 무엇입니까?
답: 옛사람이 죽고 새사람으로 사는 것입니다."

옛 사람이 죽고 새사람으로 사는 것입니다. 사는 것은 지속적인 삶을 의미합니다. 그리고 89문에서 옛 사람이 죽는 것이 무엇인지를 밝힙니다.

"제89문: 옛사람이 죽는다는 것은 무엇입니까?

답: 하나님을 진노케 한 우리의 죄를 마음으로 슬퍼하고 더욱더 미워하고 피하는 것입니다."

옛 사람이 죽는 것은 하나님을 진노케 한 자신의 죄를 슬퍼하고 미워하고 피하는 것입니다. 이것이 칼빈이 말한 죽이는 일입니다. 회개는 죄에 대한 처절한 슬픔입니다. 그리고 새 사람으로 사는 것입니다. 새 사람으로 사는 것이 무엇인지 90문은 말합니다.

"90문: 새사람으로 다시 사는 것은 무엇입니까?

답: 그리스도로 말미암아 하나님 안에서 마음으로 즐거워하고, 하나님의 뜻에 따라 모든 선을 행하며 사는 것을 사랑하고 기뻐하는 것입니다."

그리스도 안에서 하나님을 즐거워하고, 하나님의 뜻을 따르며 모든 선을 행하는 것을 사랑하고 기뻐합니다. 새 사람의 삶은 단회적이 아니라 지속적입니다. 일상적인 삶에서의 변화를 의미합니다. 이러한 마음으로 충만한 것이 바로 새 사람의 모습입니다. 바울은 새 사람의 모습이 무엇인지를 갈라디아 교회에 보내는 편지에 기록하였습니다.

"내가 율법으로 말미암아 율법을 향하여 죽었나니 이는 하나님을 향하여 살려 함이라 내가 그리스도와 함께 십자가에 못 박혔나니 그런즉 이제는 내가 산 것이 아니요 오직 내 안에 그리스도께서 사신 것이라 이제 내가 육체 가운데 사는 것은 나를 사랑하사 나를 위하여 자기 몸

을 버리신 하나님의 아들을 믿는 믿음 안에서 사는 것이라"[갈라디아서 2:19-20]

이것이 바로 회개의 기본입니다. 그런데 우리는 자주 회개의 참된 모습을 오해할 때가 있습니다. 거짓된 회개가 아니라 참된 회개가 일어나는 것이 중요합니다. 참된 회개가 우리 안에 일어나야 삶의 변화가 나타납니다.

회개는 이처럼 옛 사람을 죽이고 새 사람으로 사는 일입니다. 즉 옛 사람의 삶에서 돌이켜 주님의 사람으로 사는 태도입니다. 칼빈은 "우리가 돌이킬 때 단지 외적인 행위뿐 아니라 영혼 안에서의 변화를 요구하는 것이라고 하였습니다."[103] 즉 변화에 걸맞은 삶을 살아야 합니다. 또한 "회개는 하나님을 경외할 때 돌이킬 수 있습니다. 죄인의 양심이 회개로 이끌리기 전에 먼저 하나님의 심판으로 충격을 받아야 합니다."[104] 새 사람으로 살기 위하여 계속하여 하나님의 심판을 상기시킵니다.(예레미야 4:4) 또한 옛 사람을 죽이고 새 사람으로 사는 것은 "육체 죽이기와 영을 살리기"[105]입니다. 그런 의미에서 칼빈은 "회개란 영적 중생이라고 말하는바, 그 목적은 아담의 범죄에 의하여 우리 안에서 희미해지고 거의 지워진 하나님의 형상을 회복시키는 데 있다."[106]고 하였습니다.

진실한 회개자는 죄에 대하여 지속적으로 나타나는 모습이 있습니다. "진실한 참회자는 날마다 자신을 혐오하며 질책합니다. 매일 매일 그는 자신의 마음

---

103 존 칼빈, 『기독교강요(1541)』, 365.

104 존 칼빈, 『기독교강요(1541)』, 365.

105 존 칼빈, 『기독교강요(1541)』, 366.

106 존 칼빈, 『기독교강요(1541)』, 366.

과 삶, 양쪽 모두에서 발견되는 온갖 악들 때문에 슬퍼하며 두려워합니다."[107] 하나님이 주시는 기쁨이 그에게 있더라도 자신의 죄에 대하여 항상 경계심을 가지고 있습니다. 자신이 얼마나 죄에 대하여 약한 존재임을 잘 알고 있습니다. 그러기에 "자신의 마음속에서 불신앙, 율법주의, 세속주의적 생각 등을 날마다 발견합니다."[108] 그리고 육신에 거하는 동안에 날마다 탄식하고 죄의 자리에서 거룩의 자리로 나가기를 날마다 간구합니다.(고린도후서 5:4) 회개하는 한순간에 끝나는 것이 아니라 육신의 모든 장막을 벗을 때까지 지속됩니다. 참된 회개만이 우리로 하여금 하나님을 영화롭게 하는 자리에 이를 수 있습니다. 그렇다면 참된 회개는 무엇입니까?

참된 회개

첫째, 참된 회개는 성령님이 일으키시는 일입니다. 성경의 가르침은 이 사실에 대하여 분명하게 지적하고 있습니다. 성경은 회개를 가리켜 '성령의 거룩하게 하심'[데살로니가후서 2:13]과 '성령의 새롭게 하심'[디도서 3:5]이라고 합니다.[109] 그러므로 회개는 사람의 능력을 넘어서는 일입니다. 우리의 존재 자체가 우리의 능력으로 된 것이 아니기 때문입니다.(요한복음 1:12) 그러므로 다음의 말을 유념하여야 합니다.

---

107   존 콜큰, 137.

108   존 콜큰, 137.

109   조셉 얼라인, 27.

"스스로의 힘으로 회개할 수 있다고 생각하지 마십시오. 구원에 이르는 회개를 하려면 스스로의 힘으로 하려는 생각을 버려야 합니다. 회개란 죽음에서 부활하는 것이며(에베소서 2:1), 새로운 피조물이 되는 것으로서(갈라디아서 6:15, 에베소서 2:10), 전능의 능력으로만 이루어지는 일입니다.(에베소서 1:19)"[110]

회개는 우리의 힘이나 능력이 아닌 하나님의 초자연적인 역사임을 알아야 합니다. 회개는 사람을 두려워하거나 사람에게 미안한 마음을 가져서 생겨나는 것이 아닙니다. 참된 회개는 성령님께서 우리 안에서 일으키시는 일입니다. 성령님께 우리의 본성을 깨어나게 하시고 우리로 하여금 회개의 자리에 나가게 합니다. 그러므로 회개할 수 있는 것은 거듭남의 증거이며 구원받은 자녀의 표징이라 할 수 있습니다. 이 사실이 회개의 첫 번째 본질입니다.

두 번째, 참된 회개는 내적인 원인과 외적인 원인이 동시에 작동합니다. 내적인 원인은 하나님께서 값없이 주시는 은혜뿐입니다. 그리고 외적인 원인은 예수님의 공로와 중보입니다. 우리 모두는 하나님의 은혜가 없이는 거룩한 하나님 앞에 나갈 수 없습니다. 그만큼 우리는 더럽고 냄새나는 존재이기 때문입니다. 그런데 하나님의 은혜가 우리로 하여금 하나님 앞에 설 수 있게 하였습니다.(디도서 3:5, 야고보서 1:18, 에베소서 1:4) 위대한 사도인 베드로와 바울은 동일하게 모든 것이 하나님의 은혜로 되었음을 고백합니다.(베드로전서 1:3, 에베소서 2:4-5) 이것이 바로 회개에 대한 내적인 동인입니다.

---

110 조셉 얼라인, 28.

그러나 이러한 내적인 원인은 외적인 원인과 함께합니다. 우리가 거룩한 백성으로 하나님 앞에 서려면 하나님이 정하신 방법인 예수 그리스도의 구속의 공로를 통과하여야 합니다. 오직 예수 그리스도를 통하여 하늘의 신령한 복을 받습니다. 회개는 전적으로 예수 그리스도의 수고의 열매입니다.[111] 예수 그리스도께서 우리를 위하여 해산의 고통을 겪으셨기 때문에 오늘 우리들이 존재하는 것입니다.(고린도전서 1:30) 예수님은 우리를 위하여 스스로 제물이 되셨습니다.(요한복음 17:19, 히브리서 10:10) 이러한 예수 그리스도의 희생이 새 생명을 얻게 한 것입니다. 그러므로 우리의 영원한 사랑의 대상은 바로 예수 그리스도입니다. 우리를 위하여 모든 사랑을 주신 주님을 사랑하지 않는 것은 가장 가증스러운 일입니다. 우리 주 예수 그리스도만이 우리의 진정한 사랑입니다.

셋째, 참된 회개는 말씀을 통하여 이뤄집니다. 이것은 두 가지로 나누어 봅니다. 하나는 사람을 회개의 도구로 사용하십니다. 둘째는 말씀을 회개의 도구로 사용하십니다. 하나님께서 말씀의 사역자를 부르시고 보내시는 이유가 바로 여기에 있습니다. 이 사역은 하나님의 고유한 사역입니다.(고린도전서 4:15) 설교자들을 통하여 어두움에 짓눌려 있는 이들을 깨우시고 하나님께로 돌아오게 하십니다.(사도행전 26:18) 그러므로 설교자들과 그의 증거하는 말에 늘 겸손하여야 합니다. 왜냐하면 이들은 하나님의 말씀을 증거하는 하나님의 도구이기 때문입니다. 물론 말씀의 바른 선포에 그 의미가 있음을 알아야 합니다.

하나님이 설교자를 통하여 하시는 일은 바로 말씀을 전하는 사역 즉, 설교입니다. 진리의 말씀이 우리를 변화시키기 때문입니다. 우리의 눈을 뜨게 하고 영

111　조셉 얼라인, 29.

혼을 소생시키는 일은 오직 말씀이 하는 일입니다.(시편 19:7, 디모데후서 3:15, 베드로전서 1:23) 말씀이 사람을 변화시킵니다. 다른 무엇으로 되는 것이 아니라 말씀을 통하여 사람이 회개하고 변화되는 것입니다. 그러므로 말씀이 약화되는 것은 사단이 기뻐할 일이지 하나님이 기뻐할 일이 아닙니다.(로마서 10:17) 또한 성령의 역사도 말씀을 통하여 이루어집니다. 말씀 없이 성령이 역사하지 않습니다. 성령은 진리의 영입니다. 즉 말씀의 영이기 때문입니다. 그러므로 무엇보다도 말씀을 사랑하여야 합니다.(잠언 6:21-22, 시편 119:93) 말씀을 듣고 공부하는 일에 열심을 내는 일은 당연한 일입니다. 다음의 말은 우리로 하여금 많은 생각을 하게 합니다.

> "성령님이 말씀 안에서 여러분에게 임재하시기를 기도하십시오. 무릎을 꿇고 설교를 듣고, 설교를 듣고 무릎을 꿇으십시오. 설교가 여러분 속에서 능력을 발휘하지 못하는 이유는 그것을 기도와 눈물로 받지 않고, 묵상하지 않기 때문입니다."[112]

넷째, 참된 회개는 하나님의 영광이 나타납니다. 하나님께서 우리에게 은혜를 주셔서 회개에 이르게 한 이유가 무엇이라 생각합니까? 그것은 바로 우리를 구원하여 하나님의 영광을 선포하기 위함입니다. 우리의 모든 행위가 다 하나님의 영광을 위하여 존재합니다.

"주의 사랑하시는 형제들아 우리가 항상 너희를 위하여 마땅히 하나님

---

112   조셉 얼라인, 31.

께 감사할 것은 하나님이 처음부터 너희를 택하사 성령의 거룩하게 하
심과 진리를 믿음으로 구원을 얻게 하심이니 이를 위하여 우리 복음으
로 너희를 부르사 우리 주 예수 그리스도의 영광을 얻게 하려 하심이니
라"[데살로니가후서 2:13-14]

회개는 구원의 증표입니다. 구원받은 이들에게서 자연스럽게 피는 열매가 바
로 회개입니다. 회개가 없는 구원은 존재하지 않습니다. 그래서 회개는 우리의
구원을 다시금 확신하게 하여 줍니다. 참으로 벌레만도 못한 죄인을 살려 주신
하나님의 은혜를 다시금 돌아보게 하는 것이 바로 회개입니다. 그리고 회개는
자연스럽게 하나님께 영광을 돌립니다.

"오직 너희는 택하신 족속이요 왕 같은 제사장들이요 거룩한 나라요 그
의 소유된 백성이니 이는 너희를 어두운 데서 불러내어 그의 기이한 빛
에 들어가게 하신 자의 아름다운 덕을 선전하게 하려 하심이라"[베드로
전서 2:9]

이 사실이 너무 중요합니다. 우리의 존재의 가치는 바로 하나님의 영광을 위
하여 살 때입니다. 그리고 이 일을 감당할 때 하나님이 기뻐하십니다. 그런데 하
나님을 영화롭게 하는 일은 거룩한 삶을 사는 것입니다. 하나님의 거룩함을 나
타내는 삶입니다. 회개는 하나님의 영광을 세상 가운데 나타냅니다.
그래서 "진실한 참회자는 악을 행할 때는 자신을 비난하지만 선을 행하면 그

영광을 하나님께 돌립니다."[113] 바울은 자신이 많은 수고를 하였지만 그 모든 것은 다 하나님의 은혜라고 고백하였습니다.(고린도전서 15:10) 참된 회개는 결코 자신을 향하지 않습니다. 언제나 하나님을 향하여 존재합니다.

다섯째, 참된 회개는 선택받은 죄인들만 할 수 있습니다. 회개는 아무나 하지 못합니다. 삶을 후회하고 뉘우치는 것은 있을지 모르지만 참된 회개에 이르는 것은 오직 하나님께서 부르신 자들만 가능합니다.

> "선택받았는지의 여부를 먼저 생각한다면 그것은 잘못 시작하는 일입니다. 회개를 바로 했으면 선택에 대해서는 의심할 필요가 없습니다. 회개했는지를 입증할 수 없다면 당장 철저히 돌이키십시오. 하나님의 목적이 무엇이든 간에 그분의 언약은 분명합니다."[114]

그러므로 회개는 우리의 구원을 분명하게 보여주는 것이며 동시에 회개하지 않는 자에 대한 징계도 분명하게 보여줍니다. 회개는 단순히 입술만의 뉘우침이 아닙니다. 회개는 사람의 전 인격의 변화를 의미합니다.

> "회개는 사람의 마음속 깊은 곳에서 일어나는 일입니다. 그것은 새로운 세상을 사는 새 사람을 만드는 것입니다. 그것은 사람의 마음과 육체와 생명 전체의 움직임에 즉 사람의 전체에 미치는 것입니다."[115]

---

113 존 콜크, 139.

114 조셉 얼라인, 32.

115 조셉 얼라인, 33.

회개는 우리의 판단과 의지를 바로 세워 주고 바른 선택을 하게 합니다. 또한 성품의 변화도 나타나게 합니다. 회개는 좋아하는 것을 바꾸어 주며 관심사가 달라지게 합니다. 이제는 고통당하는 것보다 죄 짓기를 더욱 두려워합니다. 그리고 죄에 대하여 증오심을 갖습니다. 그러나 여기에만 머무르지 않습니다. 육체의 도구로 사용되던 모든 것들이 변화됩니다. 우리의 눈과 입과 손과 발이 그리고 우리의 마음이 모두 그리스도 앞에 거룩한 모습으로 나아갑니다. 그리고 우리의 일상이 실천적인 삶의 자리로 옮겨집니다. 그런 의미에서 다음의 글은 매우 중요합니다.

"진정한 회개는 교회에 있을 때와 집에 있을 때에 사람이 달라지는 것이 아닙니다. 기도할 때는 성자였다가 상점에서는 속이는 것이 회개가 아닙니다. 경건한 체하면서 도덕을 무시하는 것이 회개가 아닙니다. 진정한 회개는 자기의 모든 죄에서 돌이켜 하나님의 모든 율법을 지키는 것입니다."[116]

여섯째, 참된 회개는 죄, 사단, 세상 그리고 우리 자신의 의로부터 돌이킵니다. 회개가 가져오는 열매가 있다면 바로 죄와 사단과 세상 그리고 우리 자신의 공로적 의로부터 돌이키게 합니다. 회개는 죄에 대하여 전쟁을 선포합니다. 진정으로 회개한 사람은 힘을 다해 죄에 항거합니다. 죄와 투쟁하고 그것과 전쟁을 벌입니다. 그러는 동안 숱하게 넘어집니다. 그러나 몸에 숨이 붙어 있는 한 그는 조금

---

116   조셉 얼라인, 41.

도 뜻을 굽히지 않고 손에서 무기를 놓지 않습니다.[117]

회개는 이러한 모습을 우리에게 보여주고 있습니다. 그러므로 바른 회개에 이르면 죄에 대하여 바른 자세를 가지게 됩니다. 이것이 거듭난 자의 모습입니다. 다음의 무서운 경고를 들어 보시기 바랍니다.

"재갈 물리지 않은 혀와 쾌락에 탐닉한 생활, 악한 친구들, 말씀을 읽고 듣는 데 게으르고 기도하지 않는 생활, 이런 것들이 이제 여러분에 대해서 증거를 하면서 '우리는 당신의 작품이니 당신을 따르겠습니다'라고 말하지 않습니까? 혹시 내가 여러분의 상태를 정확히 지적하지 않았더라도, 여러분의 양심이 나서서 말하기를, '악한 것인 줄 알면서도 정욕 때문에 그대로 묵인하는 죄가 있지 않느냐'고 하지 않습니까? 그렇다면 여러분은 아직까지 거듭나지 못한 사람입니다. 변화함을 받지 못하면 정죄를 받고 말 것입니다."[118]

참된 회개에 이르는 자에게 다가오는 것은 사단의 교묘한 도전입니다. 그러므로 방심하면 사단의 거짓된 속삭임에 놀아나게 됩니다. 그리고 세상의 쾌락에 빠지게 됩니다. 또한 이 세상이 추구하는 것에 하나님의 자리를 내어줍니다. 죄란 하나님이 있어야 할 자리에 다른 무언가를 놓는 우상숭배입니다. 하나님이 있어야 할 자리에 하나님이 있어야 합니다.(시편 16:5-6) 그러므로 어떠한 경우에도 우리의 공로가 나설 수 없습니다. 회개한 자에게 나타나는 고백은 오직 그리스도입니다.

---

117   조셉 얼라인, 43.

118   조셉 얼라인, 44.

일곱 번째, 참된 회개는 우리로 하여금 삼위 하나님을 바라보게 합니다. 회개가 가져다주는 가장 찬란한 행복은 우리로 하여금 삼위 하나님을 향하게 합니다. 죄와 사단 그리고 세상과 자기 의에서 떠난 자들이 하는 행위는 바로 삼위 하나님을 바라보는 일입니다. 이 땅의 그 무엇보다도 삼위 하나님을 기뻐합니다. 그 무슨 행복보다도 삼위 하나님을 즐거워합니다. 그러므로 시편 기자처럼 주의 전의 문지기로 있는 것이 행복하다고 고백할 수 있습니다.

'주의 궁정에서 한 날이 다른 곳에서 천 날보다 나은즉 악인의 장막에 거함보다 내 하나님 문지기로 있는 것이 좋사오니'[시편 84:10]

이러한 고백이 자발적으로 흘러나오는 것이 바로 회개한 자들의 모습입니다. 그러므로 참된 회개에 이른 자는 온전한 안식을 누리는 자입니다. 이러한 안식은 삼위 하나님을 바라보는 데서 나타납니다. 그렇다면 삼위 하나님을 바라보게 하는 회개의 모습은 무엇입니까? 조셉 얼라인은 삼위 하나님을 바라보게 하는 회개에는 네 가지 모습이 있다고 말합니다.

"첫째, 우리를 그리스도께로 돌이킵니다. 진정으로 회개한 사람은 그리스도의 모든 것을 받아들입니다. 그리스도의 일을 하고서 받을 대가만 좋아하는 것이 아니라 그 일 자체를 좋아합니다. 즉 그리스도를 믿음으로 얻은 특권과 인격 모두를 닮으려고 합니다. 하나님께서 가르쳐 주신 모든 의도와 목적대로 그분을 받아들이되, 아무런 예외나 제한이나 보류함이 없이 받아들입니다. 둘째, 우리는 율법과 규례와 그리스도의 도로 돌아섭니다. 이에 대하여 네 가지 사실을 말할 수 있습니다. 우선 회개한 사람은 그리스도의 도를 인정할 뿐 아니라 가장 의롭고 합리적인 것이라고 판단합니다. 두 번째, 회개한 사람은 그리스도의 마음 전부를 알려고 합니다. 그는 한 가지 죄라도 덮어두려 하지 않고, 한 가지 계명이라도 무시하고 넘어가지 않습니다. 세 번째, 전에는 죄가 주는 온갖 쾌락과 세상의 번영에 대한 결연한 의지를 가졌지만 회개한 후에는 그리스도의 도에 대해서 결연한 의지를 보입니다. 네 번째는 회개한 사람의 생활은 하나님의 계명을 지키는 데로 향합니다. 하나님과 동행하는 것이 그의 매일의 관심사입니다."[119]

회개의 모습에는 이전의 삶에서 완전히 돌이키고 철저하게 주님과 교제하기를 기뻐하는 일입니다. 그런 의미에서 회개는 그리스도와 더불어 갖는 교제에서 비롯된다고 할 수 있습니다.[120] 그리스도의 십자가의 은혜와 부활의 영광에 참여하는 것이 참된 회개를 이루는 길입니다.

여덟 번째, 참된 회개는 영적인 슬픔을 소유합니다. 회개는 반드시 죄를 미워하고, 근심하고 슬퍼하며 죄를 죽이고자 합니다. 자연인도 죄를 슬퍼할 수 있습니다. 그러나 영적인 슬픔에 이르지 못합니다. 영적인 슬픔은 단지 죄를 미워하고 슬퍼하고 죽이는 일에 끝나는 것이 아니라 "죄로 인하여 하나님이 모욕당하고 그리스도를 못 박고 성령을 근심시키며. 영혼이 하나님의 형상을 훼손시키는 것에

---

119   조셉 얼라인, 50-55.

120   존 칼빈, 『기독교강요(1541)』, 367.

대한 슬픔입니다."[121]

그래서 진실하게 회개한 자는 하나님의 영광을 나타내는 일에 열심을 냅니다. 하나님의 사랑을 생각하고, 하나님을 예배하는 자리로 돌아섭니다. 정직한 삶을 사모하고 십자가를 지는 일을 감당합니다. 죄로 인하여 하나님의 영광이 가려진 것을 회복하는 일에 무엇보다 힘을 씁니다. 그리고 감당하지 못했을 때 아파합니다. 참된 회개는 반드시 영적인 슬픔을 동반하고 다시금 주님께로 돌아가려는 몸부림이 수반됩니다.

지금까지 참된 회개를 살펴보았습니다. 이제 우리의 모습을 살펴보아야 합니다. 왜냐하면 회개와 위선은 그의 삶의 모습을 통하여 나타나기 때문입니다. 회개는 모든 것을 그리스도로 향하지만 위선은 세상의 것을 그대로 가지고 동시에 하나님을 섬기는 것입니다. 오로지 죽어 천국 가는 것만 생각하는 자입니다. 이것은 성경이 말하는 참된 회개가 아닙니다.

그리스도인의 삶이란 육체가 죽고 하나님의 영이 우리를 지배하시기까지, 육체 죽이기의 항구적인 노력과 훈련이라고 말할 수 있습니다.[122] 그런 의미에서 회개는 한 번 하는 것으로 끝나는 것이 아니라 우리의 육체가 죽을 때까지 계속해야 합니다. 지속적인 회개를 알고 하는 사람이 참된 그리스도인입니다.

그런 의미에서 여러분은 어떠합니까? 거듭난 자로서 합당한 회개의 삶을 살며, 또한 회개에 합당한 삶을 살고 있습니까? 구원의 본질적인 가르침인 참된 회개에 대하여 바른 이해와 고백이 있을 때 우리의 신앙이 바로 설 수 있습니다.

---

121   존 콜큰, 143.

122   존 칼빈, 『기독교강요(1541)』, 370.

1. 하이델베르크 요리문답 88문이 정의하는 진정한 회개는 무엇입니까?

2. 진실한 회개자에게 나타나는 지속적인 모습은 무엇입니까?

3. 참된 회개는 무엇입니까?

4. 회개는 언제 끝나게 됩니까?

그리스도의 은혜가 임하여서 구원의 놀라운 선물을 받았다면 이제 죄와 결별해야 합니다. 죄는 끊임없이 우리를 유혹하지만 단호하게 말해야 합니다. 나는 이제 그리스도의 신부가 되었다고 말해야 합니다.

14장

영적 침체는 누구에게

찾아올까요?

    힘들고 지쳐 있을 때, 그러한 상황에서 회복하려면 어떻게 해야 할지 질문하면 "믿으면 된다"는 답을 종종 듣습니다. 이 말은 분명 복된 말씀이지만 마음이 괴로운 사람들에게는 그렇게 보이지 않을 때가 있습니다. 그것은 마치 불쌍한 죄인에게 그가 할 수 없는 것을 해 보라고 요구하는 것 같기 때문입니다. 실제로 안다고 해도 어떻게 실천하는지 그 방법을 완전히 모른다면 연결고리가 없는 셈이 됩니다.

약속의 말씀에 고정시킴

    이 말은 우리의 구원의 문제에도 적용할 수 있습니다. 구원의 소식을 들어도 어떻게 구원 얻는 자리에 나갈 수 있는지가 중요합니다. 즉 이렇게 질문할 수 있습니다. 부족한 능력을 공급받는 것도 구원의 계획에 포함되어 있을까요? 그렇습니다. 우리의 구원은 우리의 능력이 아니라 하나님의 은혜로 이루어졌습니다. 우선 이 사실에 분명한 고백이 있어야 합니다. 경건치 않은 자를 경건하게 하여 주신 것은 전적인 하나님의 은혜입니다. 이 사실에 대한 흔들리지 않는 자세가 있어야 합니다.

바로 이 고백이 구원받은 자의 영적인 침체에서 벗어나게 합니다. 우리는 예수를 믿고 거듭난 기쁨을 소유하였음에도 종종 영적 침체에 빠지는 것을 경험합니다. 정말 무력감 가운데 있을 때가 있습니다. 그래서 허우적거리고 있는 자신을 볼 때 허망함과 우울감이 다가오기도 합니다. 어떻게 해야 하겠습니까? 그것은 우리의 첫 사랑을 주었던 그 은혜의 말씀을 기억하고 돌아가는 것입니다.

힘없는 불쌍한 죄인이 이 땅에서 하나밖에 없는 소망으로서 그의 마음을 고정시키고 확고하게 붙들어야 할 한 가지는, "기약대로 그리스도께서 경건치 않은 자를 위하여 죽으셨다."[로마서 5:6]는 말씀에 대한 신성한 확신입니다. 분명한 사실은 우리는 힘이 없습니다. 우리는 그리스도의 사랑이 없으면 언제든지 영적인 침체에 빠질 수밖에 없습니다. 그러므로 침체에서 벗어나고 구원이 주는 영광에 이르기 위하여 우리는 예수 그리스도의 말씀에 묶여 있어야 합니다.

"일을 아니할지라도 경건하지 아니한 자를 의롭다 하시는 이를 믿는 자에게는 그의 믿음을 의로 여기시나니"[로마서 4:5]

"우리가 아직 연약할 때에 기약대로 그리스도께서 경건하지 않은 자를 위하여 죽으셨도다"[로마서 5:6]

우리의 믿음이 견고하기 위해서 우리가 늘 묵상하고 간직해야 할 것은 하나님의 놀라우신 사랑에 기대는 일입니다. 의심이 아니라 철저한 의존이 영적인 침체를 막아 줍니다. 무가치한 우리를 위하여 하나님께서 독생자를 보내 주시고 우리가 받아야 할 모든 형벌을 대신 받으셨습니다. 우리는 그러한 사랑을 받은 존재입니다. 세상에 이러한 사랑을 받은 이들이 어디 있겠습니까? 죄인을 위하여 자신의 몸을 주신 예수님의 사랑을 받았습니다. 이 사랑을 모르면 보이는 현실로 인하여 우울하게 되고 하지 말아야 할 상황에까지 이르게 됩니다. 세상은 화려하게 보여도 사랑이 없기에 한 순간 메말라 버리고 맙니다. 그러나 사랑을 가진 사람은 메마른 세상을 넉넉히 이겨 냅니다. 사랑이 우리의 환경을 이기게 합니다. 사랑이 우리로 하여금 우울의 자리로 떨어지지 않게 합니다. 사랑이 침체의 자리에 혹 이를지라도 다시금 일어나게 합니다. 그런데 그 사랑을 받은 자들이 바로 그리스도인입니다. 그리스도인들이 누리는 구원의 놀라운 은혜는 보이는 현실에서 보이지 않는 믿음이 승리하게 만들어 줍니다.

그리스도 앞으로

예수 그리스도에 대한 분명한 고백을 가진 자에게 요구되는 것은 "예수 그리스도 앞으로 항상 나아가는" 일입니다. 누구에게나 올 수 있는 영적 침체는 우리를 절망스럽게 만듭니다. 삶의 의욕을 상실하게 하고 소망을 포기하게 하고 자신을 자학하게 만듭니다. 그리고 예배하는 것조차 귀찮게 합니다. 마침내 구원 밖에 있는 자와 같은 자리에까지 떨어지기도 합니다.

이러한 상황에서 다시금 그리스도 앞에 나올 수 있는 길이 있겠습니까? 영적 침체에 빠진 성도가 침체의 자리에서 벗어나서 그리스도 앞에 나아갈 수 있는 길은 무엇입니까? 성경은 이 길이 있음을 강조합니다. 그 길은 바로 "회개"입니다. 회개는 그리스도를 의존하는 온전한 표징입니다. 회개는 돌아섬입니다. 모든 죄의 자리에서 돌아서서 하나님께로 가는 것이 바로 회개입니다. 그런데 진실한 회개는 단지 입술의 고백으로 끝나지 않습니다. 회개는 죄와 그리스도와 하나님의 모든 위대한 것들에 대한 모든 생각을 바꿉니다. 그리고 그리스도에게로 모든 마음과 행동을 돌이킵니다.

우리는 앞서서 회개의 참된 모습에 대하여 자세하게 살펴보았습니다. 이제 그 회개가 나의 것이 되어야 합니다. 실제로 나의 삶에서 살아 움직여야 합니다. 단지 지적인 이해와 동의에 머물면 안 됩니다. 실제의 삶에서 나타나야 합니다. 이렇게 실제적으로 삶의 현장에서 돌아설 때 우리는 비로소 하나님 앞에 나갈 수 있고 영적인 침체에서 벗어나 영적 충만을 누리게 됩니다. 모든 것이 오직 그리스도에게만 초점을 맞추어야 합니다. 다른 것이 그리스도 앞에 나가는 것의 방해가 돼서는 안 됩니다.

"당신의 영혼에서 다른 모든 사상들을 날려버리십시오. 그리고 그 시간에 함께 앉아서 "그리스도께서 경건하지 않은 자들을 위해 죽으셨다"는 이 과분한 말씀을 묵상하십시오. 예상하지 못했던 이 사랑과 비교할 수 없는 이 빛나는 사랑이 나타나게 된 것을 깊이 묵상하십시오. 주님께서 죽으신 사건을 자세히 읽어보십시오. 네 명이 쓴 복음서에서 당신은 예수님께서 죽으신 사건을 발견할 수 있습니다. 당신의 완고한 마음을 녹일 수 있는 것이 있다면 바로 예수님께서 고난받는 장면일 것입니다. 회개는 그저 그리스도만 보게 하지 않습니다. 그보다 더 당신에게 '회개를 주시는' 그리스도를 바라보게 합니다. 성령께서는 우리를 그리스도께로 돌아서게 하심으로써 우리를 죄에서도 돌아서게 하십니다."[123]

영적 침체에서 벗어나는 회개는 명상이나 참선을 통하여 이루어지지 않습니다. 그 시작점은 그리스도의 말씀을 듣고 묵상함에 있습니다. 침체된 우리 영혼에 성령은 말씀으로 찾아오십니다. 그리고 우리의 심령을 깨우십니다. 구원받은 자녀에게는 반드시 그러한 일이 있습니다. 말씀이 다가왔을 때 회피하지 마시고 약속의 말씀을 붙잡아야 합니다. 그러면 우리 자신을 보지 않게 되고 하나님을 보게 됩니다. 그의 사랑을 봅니다. 그리고 거기에서 이루 말할 수 없는 기쁨을 얻습니다. 그 자리에서 회개가 일어납니다. 그리고 회복이 일어납니다.

회개하는 것은 성령의 일하심입니다. 우리를 위하여 기도하게 하시는 성령의 일하심은 우리를 기쁨의 자리로 회복하게 하십니다. 물론 그 때는 언제인지 모릅니다. 그러나 분명한 사실은 성령께서 여전히 기도하고 계시며 마침내 닫힌 우리의 마음을 여십니다. 그리고 그것은 철저한 회개의 시간이 됩니다. 이렇듯 회개는 영적 침체를 벗어나는 생명의 길입니다. 회개 없이는 침체에서 벗어날 수 없습니다. 회개는 우리로 하여금 거룩한 그리스도인으로 살게 하는 근원입니다.

마귀의 공격과 해결

---

123   찰스 스펄전, 128-129.

우리 자신의 영적인 문제에 대하여 그리스도의 말씀을 묵상하는 길과 회개에 대하여 살펴보았습니다. 이제 좀 더 나아가서 사단의 공격에 대하여 살펴보고자 합니다. 거듭난 그리스도인을 향한 사단의 공격은 집요하게 다가옵니다. 자신과 함께하였던 자리로 돌아오게 하려고 무척 애를 씁니다. 특별히 사단은 하나님을 부정하게 하는 일에 열심을 내는 것을 봅니다. 이 일을 위하여 사단은 우는 사자와 같이 삼킬 자를 두루 찾고 있습니다.

그리고 먹잇감이 나타나면 지체없이 낚아챕니다. 아주 철저하게 준비하여서 거듭난 그리스도인들을 절망에 빠뜨리게 합니다. 이것이 바로 사단이 하는 일입니다. 오늘 우리의 삶에도 여전히 사단은 호시탐탐 기회를 엿보고 있습니다. 마틴 루터는 자신에게 찾아오는 사단을 이렇게 대처하였습니다. 마귀는 그에게 "너는 죄인이다"라고 말했습니다. 루터는 "맞다"고 대답했습니다. "그러나 그리스도께서 죄인을 구하시려고 죽으셨다." 말함으로 루터는 자신의 칼로 마귀를 이겼습니다.

이것이 바로 우리에게 필요한 것입니다. 우리 주님은 의인을 부르러 오신 것이 아니라 죄인을 부르러 오셨습니다. 우리의 모든 죄를 사하려고 오셨습니다. 그리고 십자가에서 죽으심으로 우리의 모든 죄를 사하여 주셨습니다. 그러므로 사단의 유혹에 흔들리지 말아야 합니다. 오히려 강력하게 그리스도의 말씀을 묵상하고 그 말씀을 전면에 내세워야 합니다. 이것이 사단을 이기는 힘입니다.

예수님께서는 모든 종류의 죄와 신성모독적인 생각을 해서 죄책감에 빠진 죄인을 위해 죽으셨습니다. 그러므로 자신이 원하지 않았던 여러 악한 생각들에게 사로잡힌 사람들을 예수님께서는 거절하지 않으십니다. 우리의 생각과 모든 것을 그분께 맡겨야 합니다. 그리고 과연 주님이 구원하실 수 있는지 보시기 바랍니다. 예수님은 어떠한 마귀의 무시무시한 속삭임에서 우리를 구원하실 수 있습니다. 또한 예수께서는 자신의 참된 빛으로 그 유혹의 정체를 알게 하셔서 이러한 것들로 염려하지 않게 하십니다. 이 땅에 그 누구도 우리에게 참된 평안을 줄 수 없습니다. 오직 예수 그리스도만이 우리에게 평안을 주십니다. 그러므로 우리가 신뢰하고 의지할 분은 오직 예수 그리스도입니다.

사단은 우리에게서 영적인 평안과 기쁨을 빼앗아 가려고 온갖 유혹을 합니다. 영적인 기쁨이 더 이상 지배하지 못하도록 하게 합니다. 그것도 아주 집요합니다. 그러나 우리에게는 예수 그리스도의 약속이 있습니다. 우리가 세상에서 온갖 환난을 당하여도 우리를 이기게 하여 주신다는 약속입니다.[요한복음 16:33] 이 약속을 의지하여 사단을 대적해야 합니다. 우리에게 한없는 은혜를 주신 주님이 계신데 우리가 염려할 필요가 없습니다. 사단이 가져다준 영적 침체는 성령의 은혜로 능히 이길 수 있습니다.

작은 믿음

우리는 종종 오랜 신앙생활을 통해서도 성장하지 않는 믿음에 대하여 힘들어할 때가 있습니다. 우리의 신앙은 반드시 자라나야 합니다. 장성한 분량에 이르러야 합니다. 그러나 그렇다고 해서 우리의 작은 믿음이 별 볼 일 없다는 것은 아닙니다. 비록 모든 것을 다 믿지 못하겠다고 말하고, 당신이 산을 옮기거나 다른 놀라운 일을 할 수 있는 믿음이 없다 할지라도 예수 그리스도께서 경건하지 못한 사람을 위해서 죽으셨다는 말씀에 영혼을 맡기면 당신은 구원을 받습니다. 이것은 그저 위대한 믿음이 아닙니다. 이것은 영혼을 구원하는 믿음입니다.

구원은 믿음 자체에 있는 것이 아닙니다. 구원은 그리스도를 신뢰함에 있습니다. 또한 성령의 능력으로 신앙의 대상인 십자가가 신앙의 원인이 되기도 합니다. 그렇다면 우리는 죄와 이혼해야 합니다. 그렇지 않으면 그리스도와 결혼할 수 없습니다. 다음의 말을 깊이 생각해야 합니다.

> "그리스도께서 나와 같이 경건하지 못하고 무력한 자들을 위해 죽으셨다면, 저는 더 이상 죄 가운데서 살아서는 안 되며 제 자신을 저를 구속해 주신 예수님을 사랑하고 섬기는데 드려야만 할 것입니다. 저는 저의 가장 좋은 친구 되시는 분을 갈라놓는 악과 함께 살 수 없습니다. 저는 그분의 영광을 위해 거룩해져야 합니다. 그분께서 이 모든 악에서 저를 구하시기 위해 죽으셨는데 제가 어떻게 죄와 더불어 살아갈 수 있겠습니까?"[124]

그리스도의 은혜가 임하여서 구원의 놀라운 선물을 받았다면 이제 죄와 결별해야 합니다. 죄는 끊임없이 우리를 유혹하지만 단호하게 말해야 합니다. 나는 이제 그리스도의 신부가 되었다고 말해야 합니다. 그리스도께서 경건치 않았던 나를 위하여 죽으시고 신부로 삼아 주셨다고 선언해야 합니다. 이제는 더 이상 죄의 종이 아니라 하나님을 아바 아버지로 부르는 자가 되었으니 이제 나에게서 떠나라고 선포해야 합니다.

믿음이 있다면 누구든지 구원의 영광에 이르게 됩니다. 이것이 성령이 우리에게 주신 은혜입니다. 믿음이 없이는 구원에 이르지 못하지만 작은 믿음이라도

---

124   찰스 스펄전, 138.

있다면 우리는 구원에 이르게 됩니다.

세상 친구들 문제

또한 영적 침체에 빠지는 성도 가운데 친구 문제로 인하여 심각한 지경에 이른 자도 있습니다. 특별히 세상 친구들로 인하여 들은 말씀을 모두 쓰레기통에 버리게 되는 일이 있습니다. 그러기에 바울은 친구 사귐에 대하여 중요한 교훈을 준 것입니다.

"또한 네가 청년의 정욕을 피하고 주를 깨끗한 마음으로 부르는 자들과 함께 의와 믿음과 사랑과 화평을 좇으라"[디모데후서 2:22]

우리가 따라야 할 친구들의 모습은 분명합니다. 청년 시절의 가장 강력한 유혹인 정욕을 피하는 자입니다. 젊은 시절에 정욕을 이기지 못하면 죄의 질벅한 진흙 속에 빠져 살게 됩니다. 특별히 성적인 유혹은 우리의 영혼을 만신창이로 만들어 버립니다. 하지만 세상은 이러한 삶을 자연스럽게 받아들이고 있습니다. 그러므로 청년의 정욕을 피하는 자는 경건을 위하여 분투하는 자라 할 수 있습니다.

정욕으로 가득 찬 이들은 결코 주를 깨끗한 마음으로 부를 수 없습니다. 거룩한 심령으로 주를 경외하는 자들이 영적인 친구입니다. 거룩함은 전염됩니다. 그래서 거룩한 자와 함께할 때 거룩함을 유지할 수 있습니다. 그러므로 이들과 함께할 때 영적인 충만을 유지할 수 있습니다. 그러나 우리의 삶에는 늘 이렇게 경건한 자들만 있지 않습니다. 세상 친구들도 우리와 함께 있기 때문입니다. 그래서 그들로 인하여 은혜를 쏟아버리고 죄악과 침체의 자리에 종종 떨어지는 것을 봅니다.

만일 그가 신실한 사람이라면 한편으로는 걱정도 됩니다. 그러나 그가 정말 신실한 사람이라면 그의 약점은 신선한 은혜로 해결될 수 있습니다. 성령께서는 사람을 두려워하는 마음을 없애시는 분이십니다. 또한 성령께서는 용기 있는 사람으로 만드십니다. 우리는 친구들과 아름다운 관계를 가질 수 있습니다. 또한 그들을 즐겁게 해 주려고 많은 일을 할 수 있습니다. 그러나 그들을 즐겁게 해 주느라고 그들과 같이 지옥에 갈 수는 없는 노릇입니다. 친구들과의 우정을 유지하기 위해 하나님과의 관계를 저버릴 수는 없습니다.

친구와의 관계는 쉬운 일이 아닙니다. 그러나 하나님은 이 모든 일을 해결하여 주십니다. 문제를 그분께 가져가는 일이 필요합니다. 우리를 위하여 모든 것을 주신 주님은 우리를 위하여 모든 문제를 해결하여 주실 것입니다. 문제는 우리가 주님의 말씀을 믿음으로 받고 묵상하는 일입니다.

예수님께서 나를 위하여 모진 고난을 받으셨습니다. 나의 모든 죄를 다 가져가셨고 그리스도의 의의 옷을 나에게 입혀 주셨습니다. 이제는 더 이상 죄의 종이 아닙니다. 그리스도께서 나의 모든 죄를 짊어지시고 십자가에서 죽으셨습니다. 이러한 은혜가 우리에게 주어졌습니다. 그러므로 이 사실을 믿음으로 고백한다면 우리는 당당하게 믿음의 길을 갈 수 있습니다. 그리고 결코 세상을 두려워하지 않습니다. 성령께서 나와 항상 함께하시기 때문입니다.

성령께서 날마다 우리를 도우십니다. 우리가 영적인 침체에서 허우적거리며 숨 막혀 가도록 내버려 두지 않습니다. 성령은 우리의 연약함을 아시는 분입니다. 그분이 우리와 함께하십니다. 그러므로 약속의 말씀을 묵상한다면 우리는 깊은 영적 침체에서 벗어날 수 있습니다.

균형 잡힌 신앙

조엘 비키는 영적 침체에 빠져드는 것에 대하여 교회와 개인의 상태를 다음과 같이 진단하였습니다.

> "교회가 영적인 침체에 빠져드는 것은 1단계 세속화가 증가하고, 2단계 복음에 대한 불신이 생기고, 3단계 복음에 대한 무관심, 4단계 무지, 5단계 영적인 죽음, 6단계 인간 중심적 태도, 7단계 거룩한 기대감의 상실이라고 하였습니다. 또한 신자 개인이 영적 침체에 빠져드는 경우는 1단계 개인 기초를 소홀히 함, 2단계 은혜의 수단을 형식으로 사용함, 3단계 내면 부패의 증가, 4단계 세속화됨의 증가, 5단계 성도의 교제가 사라짐이라고 하였습니다."[125]

조엘 비키의 견해대로 교회가 영적 침체에 떨어지는 것은 세속화의 물결을 방치하였기 때문입니다. 세속화는 거세게 밀어닥치지 않습니다. 가랑비와 같이 찾아옵니다. 그러다 어느 순간 흠뻑 젖어 버리게 합니다. 이렇듯 세속화는 교회를 무너뜨리는 시작이라 할 수 있습니다. 세속화에 물들면 사람들은 복음을 듣기를 싫어합니다. 빠르고 현란하고 성공과 만족을 추구하는 현대적 설교에 사람들의 귀가 열려 있습니다. 그래서 바른 복음을 통한 죄의 촉구와 헌신을 듣지 않

---

125   조엘 비키, 『영적침체에서 벗어나는 길』, 윤석인 역, (서울: 부흥과개혁사, 2004), 9-55.

습니다. 자신의 귀를 간지럽게 해 주는 것에 익숙합니다. 그러한 소리에 열광합니다. 그래서 무엇이 바른 것인지 분별하지 못합니다. 결국 이 기간이 지속되면 복음에 대한 무관심과 무지 그리고 죽음에 이른 것과 같은 침체에 이르게 됩니다.

현대 교회의 위기는 바로 이러한 세속화에 있습니다. 그런데 사람들이 세속화를 분별하지 못하고 거부하지 않습니다. 오히려 바른 복음을 전하는 것을 시대에 뒤떨어졌다고 합니다. 이것이 현대 교회의 실상입니다. 그러니 온갖 부정과 불법이 난무하여도 침묵합니다. 거기에 신학적 무지는 판단력 상실을 가져온 것입니다. 현대 교회가 점점 무너지는 이유가 바로 여기에 있습니다.

이것은 일반 성도에게도 잘 나타납니다. 성도에게 있어서의 침체의 시작은 신앙의 기반이 빈약함에 있습니다. 종교성은 튼튼할지 몰라도 인격적 신앙의 기초는 매우 가볍습니다. 이러한 빈약함은 은혜의 수단인 말씀과 기도를 사용하지 못합니다. 종교적 신앙에 머물게 됩니다. 그러다 시험이 오면 나락으로 떨어집니다. 은혜의 수단인 말씀과 기도가 살아 있지 못하므로 결국 죄에 대한 민감성이 없습니다. 그리고 심각성도 무디어집니다. 결국 죄의 자리에 있는 것을 망각합니다.

특별히 구원받은 자에게 있어서 나타나는 영적 침체의 공통점이 있다면 하나님을 아는 지식과 경험 그리고 의지적인 삶에 있어서 심각한 불균형입니다. 영적 침체에서 벗어나려면 균형 잡힌 신앙이 필요합니다. 특별히 이 일을 위하여 우리에게 요구되는 것은 성경이 말하는 것에 대한 바른 지식이 있어야 합니다. 체험보다 앞서는 것은 바로 성경이 가르치는 참된 진리입니다. 우리는 이것을 요약하여 교리라고 부를 수 있고 신앙고백이라고 할 수 있습니다.

이렇게 성경의 가르침이 바로 세워질 때 영적인 침체에 떨어지는 것이 적을 뿐 아니라 침체에서 벗어나는 지름길이 되며 영적 성장의 동력이 됩니다. 그리고 영적 침체에서 벗어나기 위하여 앞에서 논의하였던 나눔을 깊이 생각할 수 있기를 바랍니다.

1. 예수 그리스도를 믿고 구원의 기쁨을 소유하였음에도 종종 영적 침체에 빠지게 됩니다. 그 이유는 무엇입니까?

2. 영적 침체에 빠지게 되는 요인들은 무엇입니까?

3. 영적 침체에서 벗어나기 위해서는 어떻게 해야 할까요?

4. 영적 침체에 빠져드는 교회와 개인의 상태에 대한 조엘 비키의 진단이 한국 교회에도 적용 가능하다고 생각합니까?

5. 구원받은 자에게 있어서 나타나는 영적 침체의 공통점은 무엇입니까?

자라지 않고 있다면 영적으로 사망선고를 받았다거나 혹은 영적인 질병에 빠져서 깊은 침체에 있음을 의미합니다. 이것은 구원받은 자의 삶에 있어서 치명적입니다.

15장

영적 성숙에 이르는 길은

무엇입니까?

구원받은 사람에게 나타나는 열매가 있다면 그것은 바로 구원받음의 통로인 믿음이 자라난다는 사실입니다. 자란다는 것은 매우 중요합니다. 왜냐하면 자란다는 것은 살아 있음을 의미하기 때문입니다. 그러므로 자라지 않는다는 것은 두 가지를 나타냅니다. 한 가지는 죽었다는 의미입니다. 그리고 또 다른 한 가지는 병들었다는 뜻입니다.

믿음도 동일합니다. 자라지 않고 있다면 영적으로 사망선고를 받았다거나 혹은 영적인 질병에 빠져서 깊은 침체에 있음을 의미합니다. 이것은 구원받은 자의 삶에 있어서 치명적입니다. 그런 면에서 구원받은 백성에게 나타나는 것은 영적인 질병으로 인한 침체라고 말할 수 있습니다. 헤어 나오고 싶어도 나올 수 없는 깊은 상처가 그를 붙잡고 있음을 말합니다. 그러므로 이러한 자리에서 일어나야 합니다. 그래야 영적인 성장이 일어납니다. 영적 성장은 그리스도인이라는 전제에서 시작됩니다. 그리스도인이 되지 않고는 결코 영적인 생활을 알 수도 없고 다소라도 이해할 수 없습니다. 그러나 그리스도인이라면 반드시 영적 성장이 일어납니다.

또한 믿음이 없어 영적으로 사망 가운데 있는 것 같은 자들 역시 소생하기 위하여 반드시 믿음을 가져야 하고 또한 성장이 있어야 합니다. 믿음은 자라나는 속성이 있습니다. 그러나 우리 주변에는 믿음의 성장을 방해하는 요소들이 널려 있습니다. 그래서 더욱더 하나님께 복종하는 것이 중요합니다. 하나님 앞에 우리의 문제를 정직하게 질문을 할 때 하나님께서 정직한 답을 주십니다. 하나님이 주시는 답을 가진 사람은 성장하는 기쁨을 누립니다.

성경은 "너희는 내게 부르짖으라 내가 응답하겠다"(예레미야 33:3)[126]고 약속하고 있습니다. 하나님 앞에 우리의 모든 것을 가지고 갈 때 하나님은 우리에게 가장 좋은 것으로 알려 주십니다. 이것이 믿음 성장의 비결입니다.

영적 성장에 이르는 13가지의 길[127]

하나님은 자녀들에게 영적인 성장을 위한 길을 알려주셨습니다. 그 길은 어렵지 않습니다. 그러나 습관이 되지 않으면 어렵게 느껴집니다. 믿음의 선진들이 이 길을 걸으므로 영적인 성장을 누렸습니다. 애굽의 모든 보화보다도 하나님 나라의 영광을 바라보았던 선진들의 삶에서 영적 성장이 주는 기쁨을 알 수 있습니다. 영적인 성장에 이르는 길은 특별한 행위가 아니라 일상에서 시작합

---

126 "너는 내게 부르짖으라 내가 네게 응답하겠고 네가 알지 못하는 크고 은밀한 일을 네게 보이리라" [예레미야 33:3]

127 앞으로 나올 졸저 『성숙한 신앙으로 가는 길』에서 자세하게 다룰 것입니다.

니다. 일상이 삶의 습관이 되면 영적인 성숙이 주는 기쁨을 누리게 됩니다. 영적 성장은 자신의 삶에 힘이 될 뿐 아니라 세상에 살지만 세상에 속하지 않는 그리스도인의 정체성을 드러내는 능력이 됩니다. 그렇다면 그 길을 무엇입니까?

첫째는 하나님의 말씀을 사모하는 일입니다.(베드로전서 1:23-2:2) 여기서부터 영적 성장은 시작합니다. 말씀은 영의 양식으로 우리를 자라게 합니다.

둘째는 하나님 마음에 합당한 예배입니다.(레위기 10:1-7) 자신의 소견에 옳은 대로 드리는 예배가 아닌 하나님이 기뻐하시는 예배가 영적인 성숙에 이르는 길입니다.

셋째, 육적인 삶에서 영적인 삶으로의 변화입니다.(마태복음 9:14-17) 옛 방식에서 벗어나서 성경의 방식으로 살아가는 것이 영적 성숙의 길입니다. 이를 위하여 육체를 죽이는 일에 힘쓰고 영의 일을 열심을 내야 합니다.

넷째, 쉬지 말고 기도하는 일입니다.(시편 116:1-4). 기도 없이 영적 성장은 존재하지 않습니다. 더구나 기도는 오직 그리스도인의 특권이며 은혜의 통로입니다. 기도가 없다면 우리는 은혜를 누리지 못합니다. 기도는 영적 성장에 가장 강력한 수단입니다.

다섯째, 감사하는 삶입니다.(시편 136:1-26) 감사는 저절로 나올 수 없습니다. 하나님을 확신하는 사람만이 감사할 수 있습니다. 하나님이 행하신 일에 대한 고백이 바로 감사입니다. 감사는 전적으로 하나님의 인도하심과 보호하심에 대한 고백입니다. 그러므로 감사는 영적인 성숙의 길이며 성숙으로 나가게 합니다.

여섯째, 하나님을 향한 순종입니다.(사무엘상 15:10-12) 순종은 그 무엇보다도 중요합니다. 하나님의 말씀에 순종할 때 우리는 영적으로 성장합니다.

일곱째, 자신을 정결하게 하는 일입니다.(디모데후서 2:20-21) 영적인 성장은 신앙의 연수가 많아지는 것에 있지 않습니다. 인격적으로 정결하여지는 것입니다. 그래서 무엇보다도 인격적인 정결함을 위하여 애를 쓰는 것이 바로 영적인 성숙의 길입니다. 그리고 진리로 무장하는 것입니다.

여덟째, 고난을 감사함으로 견디는 일입니다.(로마서 5:1-4) 고난은 성도에게 유익입니다. 하나님은 자녀를 성장시키기 위하여 고난을 사용하십니다. 고난을 통하여 성도는 하나님을 더욱 깊이 알게 됩니다. 그래서 고난이 영적 성장에 유익이 됩니다.

아홉째, 겸손을 훈련하는 일입니다.(베드로전서 5:5-7) 겸손은 전적으로 하나님을 의존하는 마음입니다. 그리고 자신을 철저하게 낮추는 일입니다. 이 일을 통하여 성도는 그리스도의 마음을 알게 되고 영적으로 깊은 자리에 이르게 됩니다. 교만은 패망의 길이지만 겸손은 영광의 길입니다.

열째, 성도의 교제를 즐겨야 합니다.(갈라디아서 6:1-3) 영적인 성숙한 성도는 홀로 존재하지 않습니다. 성도는 그 자체로 교회입니다. 그러므로 성도의 교제는 지극히 당연합니다. 그리고 그 교제를 통하여 자신을 더욱 성장시킵니다. 성도의 교제가 없는 성도의 성장이란 불가능합니다.

열한째, 증인으로 사는 삶입니다.(사도행전 1:7-9) 구원의 영광을 아는 성도는 구원의 기쁨을 전하는 일에 즐거워합니다. 믿음의 선한 싸움을 마치기를 소망합니다.(디모데후서 4:7) 주님 오시는 그 날까지 부여받은 지상명령(마태복음 28:20)을 완수하기를 기뻐합니다. 영적 성장은 이러한 증언 속에 더욱 자라납니다.

열두째, 영적 훈련을 지속합니다.(사도행전 17:10-12) 영적성장은 단기간에 이뤄지는 것이 아닙니다. 그러므로 한 번 훈련받고 한 번 은혜 받고 해결되는 것이 아닙니다. 주님 오시는 그 날까지 훈련받습니다. 거기에 영적인 성장이 있습니다.

　마지막으로 성령으로 충만합니다.(사도행전 4:1-22) 성령의 지배를 받으며 살아갑니다. 성령으로 충만할 때 세상과의 싸움에서 이길 수 있습니다. 삶의 새로운 변혁은 성령의 충만으로 이뤄집니다. 성령의 충만으로 그리스도로 충만함을 의미합니다. 그래서 그리스도를 위하여 담대하게 살아갑니다.

믿음은 긴 여정입니다

　땅에 떨어진 씨앗이 자라려면 오랜 시간이 필요합니다. 떨어지자마자 자라나는 것은 결코 없습니다. 긴 시간 동안 다양한 자양분을 섭취할 때 비로소 열매가 열립니다. 너무나도 당연한 이야기입니다. 그런데 믿음의 과정 역시 긴 여정임을 기억해야 합니다. 교회에 오자마자 신앙이 성장하고 성숙되지 않습니다. 긴 시간이 필요합니다. 긴 시간 동안 성경의 바른 진리를 알아갈 때 비로소 영적인 성숙을 맛보게 됩니다.

　그러나 긴 시간이 지났다고 해서 반드시 영적인 성숙에 이르는 것은 아닙니다. 하나님의 아름다움을 앙망하는 일들이 있어야 합니다. 하나님의 아름다움을 아는 것은 그의 성품을 알아가는 것에 있습니다. 창조주 하나님, 거룩하신 하나님, 자비하신 하나님, 신실하신 하나님과 사랑의 하나님에 대하여 알아갈 때 우리의 영적인 성숙이 일어납니다. 또한 복음의 바른 진리를 깊이 있게 알아갑니다. 거듭남과 회심과 칭의와 성화에 대한 구원의 진리를 알아갈 때 우리의 믿음은 더욱 자라게 됩니다. 믿음이 자라면 우리의 삶이 풍성해지고 균형 있게 살아갑니다. 또한 바른 분별을 가져다줍니다. 분별은 한순간에 이루어지지 않고 긴 시간 훈련을 통하여 이루어집니다.

구원파에 빠지기 일보 직전에 있는 청년을 상담한 적이 있습니다. 직접 청년과 이야기하지 않고 그 동생과 대화를 나누었습니다. 가슴이 아픈 일이지만 이단에 빠지는 원인에 대하여 알려주었습니다. 첫째는 교회에 대하여 실망할 때입니다. 자신이 기대하고 있는 교회의 모습이 아닐 때 이단의 유혹에 쉽게 빠지게 됩니다. 둘째는 교회가 바른 진리를 가르쳐 주지 않고 정직한 질문에 대하여 정직한 답변을 주지 않을 때입니다. 이러한 모습들이 지속되면 갈등이 생기고 영적인 갈급함은 이단의 미끼가 됩니다. 이것은 예외가 없습니다.

교회가 바로 서지 않으면 나타나는 현상입니다. 결국에 한 사람의 영혼이 흔들리게 되고 가정이 위태롭고 결국 사회에도 나쁜 영향을 미치는 것입니다. 이단을 경계하는 것은 참으로 중요합니다. 이단은 성경의 가르침을 교묘하게 왜곡합니다. 그리고 대표자의 교주화를 시도합니다. 그런데 영적인 갈급함에 빠져 있는 이들은 이러한 사실에 대하여 눈을 감게 됩니다.

이렇게 교묘한 현상을 이기고 건강한 교회와 신앙을 갖게 하려면 성경적 믿음을 소유하여야 합니다. 그런데 이 믿음은 긴 여정이 있어야 합니다. 오래된 교회의 영광은 건강한 믿음의 선배들이 자리를 잡고 있다는 것입니다. 그런 면에서 한국 교회는 아직은 미약한 모습을 가지고 있습니다. 기독교 역사가 그리 길지 않습니다. 수백 년 되는 교회의 모습과 비교할 때 한국 교회는 아직 연약함이 사실입니다. 그렇기에 지금의 우리의 자세가 중요합니다.

물론 믿음의 선배들이 남겨주신 아름다운 유산이 있습니다. 그러나 아직은 목마릅니다. 그렇기에 우리 세대보다 다음 세대를 바라보게 합니다. 다음 세대에는 우리는 세대보다 더욱 행복하고 아름다운 교회와 믿음이 전해지기를 기대합니다. 그런 측면에서 볼 때 교회를 바르게 세우는 일은 참으로 중요합니다. 교회가 커지는 것이 중요한 것이 아니라 하나님이 기뻐하시고 원하시는 교회가 세워져야 합니다. 그리스도의 십자가 앞에 부끄러움이 없는 교회가 세워져야 합니다. 이 일이 바로 우리들에게 주어져 있습니다. 우리는 단순히 교회 다니는 존재로 있는 것이 아닙니다. 우리는 다음 세대를 준비하는 막중한 책임을 가졌습니다. 비록 지금의 현실이 빈약하더라도 우리는 이 사명을 가지고 교회를 세우는 것이 필요합니다. 작지만 큰일을 감당하는 것이 교회입니다.

이 일을 위하여 우리는 믿음의 긴 여정을 큰 호흡을 가지고 나가야 합니다. 하나님의 영광을 위한 우리의 걸음을 걸어가야 합니다. 이 일이 지금 우리에게 주어진 사명입니다. 수없이 많은 장애물들이 놓여 있지만 넘어가야 합니다. 그리고 하나님의 거룩하신 뜻이 이루어져야 합니다. 참으로 사막에 샘이 넘쳐나고 어린양이 사자들과 뒹구는 그 나라를 향하여 우리의 믿음의 여정을 걸어가야 합니다. 치유적이고, 체험적이며, 신비적인 신앙에 머무는 것이 아니라 성경적 세계관에 입각한 전인격적이고 합리적인 신앙을 가지고 있어야 합니다. 이 신앙을 삶의 작은 영역에서부터 사회의 각 영역에 이르기까지 나타내야 합니다.

1. 우리의 믿음이 성장해야 하는 이유는 무엇입니까?

2. 우리의 믿음이 성장하기 위해서는 무엇을 해야 할까요?

3. 영적 성숙의 길은 무엇입니까?

4. 믿음이 긴 여정임을 알 때, 우리는 어떤 위로와 유익을 얻을 수 있습니까?

5. 믿음의 길을 가는 우리들에게 맡겨 주신 막중한 책임은 무엇입니까?

바울은 고린도의 성도들에게 "마지막 날까지 흠이 없이 견고하게 되기를" 기대한다고 선포했습니다. 거룩하게 보존되는 것은 안전하게 보존되는 것보다 더 큰 의미를 지닙니다.

16장

끝까지 견고하게 하심이

가능한가요?

신앙생활을 잘 하던 분이 갑자기 하나님을 부정하면 매우 혼란스럽습니다. 그리고 자신도 모르게 시험에 빠지게 됩니다. 나도 시험에 들어서 신앙을 포기하고 구원의 길에서 탈락되는 것은 아닌지 염려합니다. 아마도 이러한 염려를 가지지 않은 분들은 별로 없을 것입니다. 성경에서도 믿음의 길을 떠난 이들의 행적이 기록되었기 때문입니다. 더구나 새 관점 학파의 사람들은 유보적 칭의론을 말합니다. 칭의가 종말에 가서 결정된다고 합니다. 그러므로 신앙을 끝까지 지킬 수 있을지에 대한 두려움이 듭니다. 그러나 이러한 시험은 하나님의 사랑보다 현상을 더욱 중요하게 여긴 결과입니다.

하지만 구원받은 자들은 이러한 시험에서 자유합니다. 왜냐하면 하나님의 은혜를 이미 받은 사람들은 하나님의 견고케 하심을 누릴 수 있기 때문입니다. 이것도 성령의 사역입니다. 믿음을 주신 분은 강하게 하시며 견고하게 세우기도

하십니다.

> "주께서 너희를 우리 주 예수 그리스도의 날에 책망할 것이 없는 자로
> 끝까지 견고케 하시리라"[고린도전서 1:8]

우리의 연약함으로는 결코 구원의 날까지 견딜 수 없습니다. 사단의 유혹이 얼마나 치밀하고 적극적인지 모릅니다. 눈 뜨고도 코 베어 가는 것이 바로 사단입니다. 그러므로 깨어 있지 않으면 부끄러움을 당합니다. 하지만 우리의 연약함은 사단의 유혹을 이기기에 미약하고 연약합니다. 영적인 성장이 우리에게 없으면 우리는 죄의 진흙 땅에서 허우적거리며 살 것입니다. 그런데 성령께서 우리를 보호하시고 지켜주십니다. 우리가 죽음의 잠을 자지 않도록 깨우십니다. 영적인 전쟁을 치를 수 있도록 하여 주십니다. 주님께서는 영생을 위해 자신을 의지하는 사람들에게 확실히 성장을 허락하십니다. 바로 끝까지 견고케 하여 주십니다. 그래서 마침내 구원의 영광을 보게 합니다.

견고하게 됨은 주님의 약속

견고한 그리스도인 한 명이 교회에 얼마나 큰 힘이 되는지 모릅니다. 슬퍼하는 자에게 위로자가 되며 연약한 자에게 도움을 줍니다. 견고한 신앙을 가진 사람들은 교회의 기둥들입니다. 이런 사람들은 잘못된 교리의 바람에도 흔들리지 않으며 갑작스러운 유혹이 와도 넘어지지 않습니다. 이런 사람들은 다른 사람들에게 큰 버팀목이 되어 주며 교회가 어려울 때 중심 역할을 합니다.

"아버지께서 내게 주시는 자는 다 내게로 올 것이요 내게 오는 자는 내가 결코 내어 쫓지 아니하리라 내가 하늘로서 내려온 것은 내 뜻을 행하려 함이 아니요 나를 보내신 이의 뜻을 행하려 함이니라 나를 보내신 이의 뜻은 내게 주신 자 중에 내가 하나도 잃어버리지 아니하고 마지막 날에 다시 살리는 이것이니라"[요한복음 6:37-39]

"내가 저희에게 영생을 주노니 영원히 멸망치 아니할 터이요, 또 저희를
내 손에서 빼앗을 자가 없느니라"[요한복음 10:28]

영혼 속에서 진행되는 은혜의 사역은 외적인 개혁이 아닙니다. 중생할 때 이식된 생명은 살아 있는 것이며 썩어지지 않는 씨로 된 것입니다. 신자들에게 주신 하나님의 약속은 일시적인 것이 아니고 그리스도께서 다시 오시는 그 날까지 지속되는 영원한 약속입니다. 그때까지 성도들은 이 은혜로 끝까지 믿음의 길을 완주하게 됩니다. 우리는 구원에 이르는 믿음을 통해 하나님의 능력으로 보존됩니다.

그런 의미에서 신자의 견인은 하나님의 견인으로 보증합니다.(빌립보서 1:6, 디모데후서 1:123)[128] 하나님은 자신이 선언하시는 일을 행하십니다.(로마서 8:31-35, 38-39)[129] 이것은 우리의 거듭남이 우리의 결정과 노력이 아닌 하나님의 선택, 구속, 효력 있는 부르심의 결과라면 하나님은 우리가 끝까지 인내할 수

128   마이클 호튼, 『개혁주의 조직신학』, 이용중 역, (서울: 부흥과개혁사, 2012). 683.

129   마이클 호튼, 683.

있게 하실 것입니다.[130]

의인은 그의 길을 꾸준히 걸어갑니다. 그것은 우리 자신의 힘과 능력으로 되는 것이 아니라 믿는 자들에게 값없이 주시는 사랑의 선물로써 그렇게 되며, 그들은 "그리스도 예수 안에서 보존되는" 자들입니다.

우리가 할 일이란 무엇인가?

바울 역시 고린도의 성도들에게 "마지막 날까지 흠이 없이 견고하게 되기를" 기대한다고 선포했습니다. 거룩하게 보존되는 것은 안전하게 보존되는 것보다 더 큰 의미를 지닙니다. 신자들은 하나님과 동행하도록 초대된 사람들입니다. 그는 믿음으로 거룩함을 견고하게 유지할 수 있으며, 또 그렇게 해야만 합니다. 우리에게 죄와 비통할 만한 악이 있다고 할지라도 이런 것들이 우리가 그리스도 밖에 있다는 증거가 되지는 못합니다. 우리는 외식, 속이는 것, 저주하고 죄를 좋아하는 것 등에서 깨끗해져야 합니다. 이런 것들은 치명적인 비난거리가 되기 때문입니다.

그러나 우리의 실패에도 불구하고 성령님은 우리를 사람들 앞에서 책망할 것이 없는 성품으로 만드십니다. 얼마나 감사한 일인지 모릅니다. 그렇다고 이것이 우리의 죄를 용인한 것이 아닙니다. 죄는 여전히 진노를 받습니다.[131]

비록 성도들이 죄로 인해 성령께서 슬퍼하시는 것은 사실이지만, 죄가 성령을

---

130   마이클 호튼, 684.

131   존 오웬, 『성도의 견인』, 조은화 역(서울: 생명의말씀사, 2002), 15.

정복하고 승리를 거둔다는 것은 결코 있을 수 없습니다.[132] 그러므로 구원받은 우리가 힘써야 할 것은 다니엘과 같이 우리의 종교에 대하여 남들이 비난할 기회를 주지 말아야 합니다. 다니엘의 모습은 우리에게 분명한 도전을 줍니다. 그는 하나님을 향한 약속에서 흔들리지 않았습니다. 비록 자신이 불편함을 감수해야 하지만 하나님을 부끄럽게 하는 일을 하지 않습니다. 그리고 마침내 사람들이 하나님의 존재를 인정하고, 하나님을 찬양하게 만들었습니다. 그것도 이방인들이 하나님을 찬양하였습니다. 하나님의 이름이 존귀하게 된 것입니다. 이것이 우리가 감당해야 할 일입니다. 우리의 삶의 모습을 통하여 하나님을 찬양하게 하는 일이 구원받은 우리들이 감당해야 할 일입니다.

---

132 존 오웬, 14.

1. 구원의 길에서 탈락될 수 있다는 생각을 한 적이 있습니까? 그 이유가 무엇입니까?

2. 주님께서 구원받은 성도를 끝까지 견고케 하여 주신다는 사실이 어떤 위로를 줍니까?

3. 구원받은 자가 힘써야 할 것은 무엇입니까?

그리스도는 대신해서 죽은 자들을 반드시 하나님께로 인도하고 또한 그의 영과 은혜로 인해 그들이 의롭다 칭함을 받고 성화되어 영원히 보존되도록 하신다.
- 존 오웬

17장
성도보존의 근거는
무엇입니까?

우리에게 신실함이 발견된다면 그것은 하나님께서 신실하시기 때문입니다. 우리는 바람처럼 변화가 많고 거미줄처럼, 물처럼 약하기만 합니다. 우리의 본성이나 영적 능력에 의지해서는 안 됩니다. 하나님의 신실하심을 의지해야 합니다.

하나님께서는 신실하신 사랑의 하나님이십니다. 그분에게는 변하는 것도 없으시며 회전하는 그림자도 없으십니다. 하나님은 그리스도 예수 안에서 우리와 맺은 언약, 즉 그분이 희생의 보혈로 맺으신 언약에 있어서도 신실하십니다. 하나님은 그분의 아들에 대해서도 신실하십니다. 아들이 흘리신 보혈을 결코 헛되게 하지 않으십니다. 하나님은 영생을 약속하신 그분의 자녀들에게도 신실하십니다. 그러므로 그분의 자녀들을 등지지 않으십니다.

더구나 성도들의 영혼 속에 거한 성령이 완전히 제거되는 일은 결코 없습니다. 거룩한 성령은 그가 한 번 거한 자리를 세상의 영에게 내주지 않으십니다.[133] 거룩한 자리에 더러운 영이 결코 자리를 잡을 수 없습니다. 영원하신 하나님은 선택은 결코 실패하지 않습니다. 그렇다고 성도들은 다시는 죄를 짓지 않는다는 뜻은 아닙니다. 성령이 소멸되어 다시 악의 자녀들이 될 정도로 심각한 악에 빠질 수 없다는 말입니다.[134] 선택받은 자녀는 악의 자녀가 될 수 없습니다. 비록 깊은 영적인 침체에 떨어질 수는 있지만 성령을 훼방하는 자리에 이르지 않습니다. 하나님은 자녀들이 영적인 싸움을 끝까지 감당할 수 있도록 도우십니다.

변치 않는 하나님

하나님의 신실하심은 마지막까지 보존되는 것에 대한 우리의 소망의 기초이자 머릿돌이 됩니다. 우리는 하나님 안에서만 우리가 끝까지 견고하게 되고 또한 마지막 날에 흠 없이 나타날 것을 소망할 수 있습니다. 우리가 그렇게 소망할 수 있는 이유들을 하나님 안에서 가장 풍성하게 찾을 수 있습니다.

존 오웬은 변치 않는 하나님이 성도를 끝까지 보존하시는 근거라고 말합니다. 변치 않는 하나님의 모습을 말하는 다섯 가지는 하나님의 속성, 목적, 언약, 약속, 맹세입니다.[135] 이러한 하나님의 변함없는 모습은 우리에게 등을 돌리시는 일이 불가능함을 알려줍니다. 그 내용을 차례대로 생각해 보겠습니다. 우선 하나님의 속성은 변하지 않으므로 그리스도 예수 안에서 값없이 구속해 주신 우

---

133 존 오웬, 18.

134 존 오웬, 19.

135 존 오웬, 23.

리를 결코 버리지 않을 것임을 확신할 수 있습니다. 또한 구속받은 자들은 결코 회개치 않고 배교자가 될 수 없습니다.[136] 하나님의 변함없는 사랑이 우리의 구원의 확실한 근거가 됩니다. 세상은 변하지만 하나님은 결코 변하지 않습니다.

하나님의 목적은 자신의 자녀들을 영생을 얻게 하고 마지막 날에 다시 살리는 일입니다.[137] 그 목적을 실행함에 있어서 한 번도 실수하지 않으십니다. 이것은 우리의 구원이 결코 실패하지 않는다는 의미입니다(에베소서 1:3-5). 하나님의 목적은 하나님이 베푸신 언약 가운데 분명하게 나타납니다. 성경은 언약의 책입니다. 아담과 맺은 첫 언약을 시작으로 노아, 아브라함, 모세, 다윗 그리고 새 언약에 이르기까지 하나님의 뜻은 변한 적이 없습니다. 더구나 하나님의 신실하심을 강조하는 하나님의 이름들 중 하나는 "그의 언약을 지키시는 하나님" 입니다.[138] 변치 않으시는 하나님은 복음의 약속을 통하여 성도를 끝까지 보존하십니다. 하나님은 복음을 통하여 의롭게 하시고 또한 거룩하게 하십니다. 이것은 모두 하나님의 전적인 주권으로 이루셨습니다. 이처럼 성도를 끝까지 보존하신다는 약속도 신실하게 이루십니다.(데살로니가전서 5:24) 성도는 결코 죄의 세력에 무너져서 구원에서 탈락하지 않습니다. 그리고 이러한 구원은 마지막 날에 확정되는 것도 아닙니다. 의롭게 하시고 거룩하게 하신 하나님은 주님 오시는 그 날까지 성도를 끝까지 보존하십니다.

보존될 수밖에 없는 가장 큰 이유

---

136   존 오웬, 27.

137   존 오웬, 37.

138   존 오웬, 48.

하나님께서 하신 일 중에서 우리가 마지막 날까지 보존될 것과 장래에 영광에 이르게 될 수밖에 없는 이유를 보았습니다. 그러나 이러한 보존의 근거가 부정할 수 없이 성취되는 이유가 있습니다. 그것은 하나님께서 그의 아들이신 예수 그리스도와 우리를 교제하도록 부르셨다는 사실입니다. 이 말의 의미는 성도는 예수 그리스도와 연합되었다는 뜻입니다.

우리가 진실로 하나님의 은혜로 부르심을 받았다면 이제는 주 예수 그리스도와 교제하게 되었으므로 모든 일에 있어서 그리스도와 함께 공동 소유주가 되었다는 의미입니다. 성도는 그리스도와 하나가 된 존재입니다. 예수님은 포도나무이고 우리는 가지가 되었습니다. 그래서 떨어질 수 없는 관계가 되었습니다. 예수님께서는 믿음으로 자신과 연합된 자들 모두와 하나가 되셨습니다. 결코 갈라질 수 없는 혼인 관계로 하나가 되었습니다. 더 나아가서 신자들은 그리스도의 몸을 이루어 가며, 사랑과 살아 있는 연합, 그리고 영속적인 연합에 의해 그분과 하나가 되었습니다.

성도의 견인은 하나님의 사랑에 대한 영광스러운 증거입니다.[139] 우리는 하나님의 은혜에 저항할 수 없습니다. 이 놀라운 축복 앞에 어떻게 저항할 수 있겠습니까? 존 오웬이 한 말을 깊이 새겨 들어야 합니다.

"그리스도는 우리에게 너무나 소중한 분이시다. 그의 죽으심은 우리로 하여금 영원한 죄 사함을 받게 하였으며 또한 하나님과 우리 사이의 모든 갈등을 해소시켰다. 우리의 죄악 된 본성에 따라 예수를 믿을 것인지

---

139 존 오웬, 131.

거부할 것인지를 결정하게 되는 그러한 불분명한 결과를 위하여 그는 그토록 심한 고통을 받으신 것이 아니다. 그가 대신해서 죽은 자들을 반드시 하나님께로 인도하고 또한 그의 영과 은혜로 인해 그들이 의롭다 칭함을 받고 성화되어 영원히 보존되도록 하신다."[140]

성령의 약속은 우리로 하여금 이 세상에서 믿음의 길을 가기에 충분한 능력을 주십니다. 물론 참된 신자라 할지라도 육신적인 의심으로 마음의 갈등을 갖게 되고 유혹으로 인하여 성도의 견인에 대하여 확신을 느끼지 못할 때가 있습니다. 그러나 이때도 성령의 도우심이 함께하심으로 능히 이기게 합니다.

"모든 위로의 아버지가 되시는 하나님은 성도를 견인토록 하는 성령의 도우심으로 사람이 감당치 못할 시험을 주시지 않고 다만 시험 당할 즈음에 피할 길을 내사 능히 감당케 하신다.[고린도전서 10:13][141]

성령의 도우심으로 성도는 시험과 유혹과 싸우고 마침내 영광의 자리에 이르게 됩니다. 그러나 이것이 인간의 안일함과 게으름을 용인한 것은 아닙니다. 도르트 신조는 이 사실을 매우 강력하게 지적하고 있습니다.

"그러나 성도를 인내하도록 하신다는 이 확신은 교만한 마음으로 이 세상의 안일함 속에 빠져들게 하는 것이 결코, 아니며, 오히려 겸손한 마음과 충성심, 참된 경건함과 모든 시험 중에서의 참음, 그리고 뜨거운 기도

---

140 존 오웬, 134.

141 도르트 신조 4장 11항.

와 인내심 그리고 진리를 고백하며 하나님 안에서 기뻐하는 이 모든 일의 근원이 되는 것이다."[142]

참된 성도는 성령의 도우심을 받는다고 해서 결코 게으르지 않습니다. 오히려 더욱 경건에 힘을 씁니다. 하나님께서 인내하게 하신다는 확신은 죄책에서 구원받은 사람들로 하여금 세상으로 나가도록 하지 않고 주님께서 정하신 길 안에서 계속하여 그 길로 행하게 합니다. 그리고 마침내 구원의 영광을 누립니다.

---

142   도르트 신조 4장 12항.

1. 성도가 믿음을 잃어버리지 않고 끝까지 보존됨의 근거는 무엇입니까?

2. 성도가 마지막 날까지 보존될 수밖에 없는 가장 큰 이유는 무엇입니까?

3. 성도의 견인과 하나님의 사랑은 어떤 관계가 있다고 생각합니까?

4. 성령의 도우심이 성도로 하여금 안일한 생각을 갖지 못하게 하는 이유는 무엇입니까?

구원받은 자는 자신의 상태를 누구보다 잘 알고 있습니다. 그래서 적극적
으로 성령의 도우심을 구합니다. 성령의 도우심을 구하는 자는 누구든지
영광의 자리에 반드시 이르게 됩니다.

18장

세상이 감당 못 할 사람들은
누구입니까?

우리는 하나님의 전적인 선택으로 구원을 받았습니다. 죄의 노예로 살던 우리가 그리스도의 십자가의 보혈로 죄 씻음을 얻게 되었고, 그리스도의 의가 우리에게 전가되었습니다. 그리스도의 의의 옷을 입은 우리는 더 이상 죄의 노예가 아닙니다. 그리고 불의의 병기로 살았던 인생이 아닙니다. 구원받은 우리는 의의 병기로 하나님 나라를 위하여 사는 존재가 되었습니다.

우리의 구원은 우리의 원함과 행위로 된 것이 아닙니다. 전적인 하나님의 주권입니다. 그러므로 우리의 구원은 결코 취소될 수 없습니다. 이것은 놀라운 은혜입니다. 동시에 우리의 삶은 날마다 거룩함을 위하여 달려갑니다. 우리의 의롭게 됨은 우리의 거룩함과 함께 합니다. 영화의 상태에 이르기까지 우리는 믿음의 길에 서 있습니다. 우리가 힘쓰고 애써야 할 것은 우리의 구원을 두렵고 떨림으로 이루어 가는 길입니다. 즉 성화를 위하여 애써야 합니다. 그것이 믿음으로 구원받은 우리들의 모습입니다.

많은 신자들이 신앙의 여정에 있어서 종종 실패하는 것을 봅니다. 그래서 성장의 자리가 아니라 제자리나 침체에서 벗어나지 못할 때가 있습니다. 이들은 예수님을 신뢰한다고 하면서 신앙의 여정에서는 자신들만 계속 바라봅니다. 결국 얼마 안 있어 다시 제자리로 돌아가는 것입니다. 무엇이 성도들의 신앙의 경주를 달려가지 못하도록 방해할까요? 그 대답은 그들이 경주를 할 때 자신들을 신뢰하였다는 것에 있습니다. 즉, 신앙의 출발이 처음부터 잘못되었기 때문입니다.

구원받은 신앙은 자신을 버리고 하나님을 바라봅니다. 쟁기를 가지고 밭을 가는 사람은 뒤를 돌아보지 않습니다. 오직 앞만 바라보고 갑니다. 구원은 믿음의 주요 온전케 하시는 예수님만 바라보면서 앞으로 걸어갑니다. 이것이 우리의 신앙을 유지하게 합니다. 어떠한 시험이 와도 흔들리지 않게 합니다. 적당한 타협으로 하나님을 부끄럽게 하지 않습니다. 주님의 십자가를 바라보는 일이 우리의 신앙을 지키는 길입니다.

쉬지 않고 구해야 할 것

여러분이 성도가 아니라면 여러분은 은혜를 받을 일도 없고 더 많은 은혜의 필요성을 느끼지도 못합니다. 하지만 하나님의 사람이기 때문에 날마다 영적 생활이 요구되어야 함을 느낍니다. 우리가 쉬지 않고 구해야 하는 것은 주야로 하나님의 말씀을 묵상하는 일입니다.(시편 1편) 말씀 묵상은 우리의 핏줄입니다. 그러므로 쉬는 것은 우리의 삶을 연약하게 만듭니다. 또한 평생에 기도하는 일입니다.(시편 116:2) 기도는 영적 호흡입니다. 또한 하나님과의 대화입니다. 이것은 쉬지 않고 구해야 하는 일입니다. 호흡이 멈추면 죽습니다. 대화가 단절되면 죽습니다. 그러므로 구원받은 백성이 평생에 할 일입니다. 그러나 여기에 멈추지 않습니다. 쉬지 않고 구해야 할 것은 하나님을 예배하는 일입니다.(요한복음 4:23) 신령과 진리로 드리는 예배가 살아 있어야 우리의 구원도 완성되어집니다. 쉬지 않고 감당해야 할 일입니다. 물론 항상 기뻐하고 범사에 감사하는 삶도 우리가 쉬지 않고 구해야 할 일입니다.

자신의 상태를 인정하자

성령께서 우리를 견고하게 하시지 않으면 우리는 너무나 연약하기 때문에 죄에 걸려 넘어지고 타락하게 됩니다. 적에 의해서 넘어지는 것이 아니라 바로 우리 자신의 부주의로 넘어집니다. 우리가 어떠한 존재인지 항상 인식해야 합니다. 우리가 하나님의 지혜를 얻으려면 무지함을 인정해야 합니다. 무지함이 우리를 구원에 이르게 합니다. 무지함이 하나님을 간절히 구하게 합니다. 무지함이 교만하지 않고 기도하게 합니다. 무지함이 성령을 의존하여 죄를 죽이는 일을 합니다. 우리의 상태를 아는 것이 중요합니다. 우리는 성령의 도우심이 없이는 한시도 존재할 수 없는 연약한 존재입니다. 우리의 존재를 인정할 때 우리는 성령님께 가까이 갈 수 있고 영적인 여정을 끝까지 마칠 수 있습니다. 믿음의 선진들은 자신을 죄인 중의 괴수라고 하였습니다. 또한 지렁이만도 못한 존재라고 하였습니다. 그렇게 자신을 낮추고 낮췄습니다. 그것이 사실이기 때문입니다. 하나님의 도우심이 없이는 우리는 참으로 별 볼 일 없는 존재입니다. 세상의 공격에 여지없이 무너지는 존재입니다.

자신의 상태를 정직하게 인정할 때 살 수 있는 길이 생깁니다. 우리가 교만하여 자신을 바르게 인식하지 못하면 우는 사자의 밥이 되고 맙니다. 하지만 구원받은 자는 자신의 상태를 누구보다 잘 알고 있습니다. 그래서 적극적으로 성령의 도우심을 구합니다. 그리고 성령의 도우심을 구하는 자는 누구든지 영광의 자리에 반드시 이르게 됩니다.

세상이 감당 못 할 사람들이 되라

연약한 인간의 모습 가운데 가장 슬픈 것은 오랜 삶에서 오는 권태가 있다는 사실입니다. 그렇게 아름답게 시작하였던 삶에 찾아오는 권태기는 참으로 무섭고 위험합니다. 모든 관계를 파괴하는 일을 하게 합니다. 이것은 영적인 삶에도 비슷합니다. 우리가 그리스도인의 삶을 시작할 때는 모두 독수리처럼 날아오르며 지칠 줄 모르고 뛰어다녔습니다. 예수님과 함께하였던 첫 사랑을 잊을 수 없습니다. 하지만 시간이 흐르면서 영적인 무감각이 찾아옵니다. 게으름이 방문합니다. 다 알고 있다는 교만과 자신 있다는 자만이 친구가 됩니다. 그리고 세상의 즐거움이 눈에 들어옵니다. 점점 하나님과의 관계에서 멀어지고 맙니다.

그래서 우리가 이 세상과 더불어 할 수 있는 가장 좋은 일은 우리가 할 수 있는 한 빨리 이 세상이 지나가도록 하는 것입니다. 왜냐하면 우리가 공중 권세 잡은 자의 나라에서 살고 있기 때문입니다. 사단은 언제든지 우는 사자와 같이 잡아먹으려고 하고 있습니다. 그래서 어디에 있든지 우리는 영적인 전신 갑주를 입고 있어야 합니다.[143] 거기에 강력한 무기인 "성령의 검"을 지니고 있어야 합니다. 그리고 "기도"의 무기를 지녀야 합니다. 우리의 힘으로는 이 대적과의 싸움에서 이길 수 없습니다. 이기는 길은 성령님입니다. 성령님이 함께할 때 그 어떤 세력도 무너지고 맙니다.

세상이 감당치 못하는 사람들은 구원의 확신을 가지고 철저하게 믿음으로 사는 사람입니다. 믿음의 주이신 예수님을 바라보면서 믿음의 길을 가는 신자입니다. 끝까지 복음과 함께 고난받기를 기뻐하는 신자입니다. 이 땅은 본향으로 가는 길임을 아는 영적 나그네입니다. 그래서 땅의 것에 집착하지 않습니다. 보이는 것은 잠깐이고 보이지 않는 것이 영원한 것임을 알고 있기 때문입니다. 그래서 사는 것도 그리스도를 위하고, 죽는 것도 그리스도를 위합니다. 사나 죽으나 다 그리스도의 것임을 자랑합니다.[144] 이것이 세상이 감당치 못하는 성도입니다. 구원받은 성도는 이 영광을 아는 사람입니다. 그래서 살아서나 죽어서나 참된 위로가 예수 그리스도임을 고백합니다. 또한 사람의 제일 되는 목적인 하나님을 영화롭게 하며 하나님을 영원토록 즐거워하는 것을 결코 잊지 않습니다. 이런 사람을 누가 감당할 수 있겠습니까? 이것이 바로 구원의 영광입니다.

---

143   "그러므로 하나님의 전신갑주를 취하라 이는 악한 날에 너희가 능히 대적하고 모든 일을 행한 후에 서기 위함이라 그런즉 서서 진리로 너희 허리띠를 띠고 의의 흉배를 붙이고 평안의 복음의 예비한 것으로 신을 신고 모든 것 위에 믿음의 방패를 가지고 이로써 능히 악한 자의 모든 화전을 소멸하고 구원의 투구와 성령의 검 곧 하나님의 말씀을 가지라 모든 기도와 간구로 하되 무시로 성령 안에서 기도하고 이를 위하여 깨어 구하기를 항상 힘쓰며 여러 성도를 위하여 구하고"[에베소서 6:13-18]

144   "우리 중에 누구든지 자기를 위하여 사는 자가 없고 자기를 위하여 죽는 자도 없도다 우리가 살아도 주를 위하여 살고 죽어도 주를 위하여 죽나니 그러므로 사나 죽으나 우리가 주의 것이로라"[로마서 14:7-8]

1. 신자에게 있어서 신앙의 경주를 방해하는 것은 무엇입니까? 또한 당신의 신앙의 경주를 방해하는 것이 있다면 무엇입니까?

2. 신앙의 경주를 끝까지 완주하기 위해서는 무엇을 구해야 할까요?

3. 세상이 감당치 못하는 신자의 특징이 무엇입니까?

4. 영적인 권태기를 극복할 수 있는 길은 무엇입니까? 당신에게도 이러한 경험이 있었습니까? 있었다면 어떻게 극복하셨습니까?

5. 세상이 감당치 못하는 사람들의 특징은 무엇입니까? 당신은 어떤 증거를 가지고 있습니까?

예수님께서 구원받은 자들에게 원하시는 것이 바로 변함없는 사랑입니다. 어떠한 시험에도 부패하지 않는 신앙입니다. 이것이 가능한 것은 우리를 향한 예수님의 사랑이 변함이 없기 때문입니다.

19장

예수님이 주시는
변함없는 사랑이 있습니까?

구원받은 자의 참된 고백은 예수 그리스도의 십자가에서 부활로 나갑니다. 구원은 바로 죽음 가운데서 다시 살아나신 부활의 주를 경배하는 것으로 나가는 것입니다. 이것이 참된 구원의 지혜입니다. 예수 그리스도의 십자가는 우리를 하나님 보좌 우편에 앉아 계신 그리스도에게로 향하도록 합니다. 십자가는 부활로 완성되기 때문입니다. 그러므로 부활의 주를 바라보지 못하는 것은 가장 어리석은 것이 됩니다. 바울은 이렇게 말합니다.

"그리스도께서 죽은 자 가운데서 다시 살아나셨다 전파되었거늘 너희 중에서 어떤 이들은 어찌하여 죽은 자 가운데서 부활이 없다 하느냐 만일 죽은 자의 부활이 없으면 그리스도도 다시 살지 못하셨으리라 그리스도께서 만일 다시 살지 못하셨으면 우리의 전파하는 것도 헛것이요 또 너희 믿음도 헛것이며 또 우리가 하나님의 거짓 증인으로 발견되리니 우리가 하나님이 그리스도를 다시 살리셨다고 증거하였음이라 만일 죽은 자가 다시 사는 것이 없으면 하나님이 그리스도를 다시 살리시지 아니하셨으리라 만일 죽은 자가 다시 사는 것이 없으면 그리스도도 다시 사신 것이 없었을 터이요 그리스도께서 다시 사신 것이 없으면 너희의 믿음도 헛되고 너희가 여전히 죄 가운데 있을 것이요 또한 그리스도 안에서 잠자는 자도 망하였으리니 만일 그리스도 안에서 우리의 바라는 것이 다만 이생뿐이면 모든 사람 가운데 우리가 더욱 불쌍한 자리라"[고린도전서 15:12-19]

더욱 불쌍한 자가 누구입니까? 바로 부활의 그리스도를 믿지 못하는 자이며 볼 수 없는 자입니다. 부활의 주를 바라보는 것은 구원의 완성을 기뻐하는 고백입니다. 그러나 우리가 또 기억해야 할 것은 부활의 주를 바라보는 것은, 지금도 우리를 사랑하시는 주를 믿고 의지한다는 것을 의미합니다. 십자가가 이 땅에서 우리를 위한 사랑을 보여주셨다면, 부활의 주님은 시공간을 초월하여 그를 믿는 모든 이들을 사랑하고 있음을 보여주는 것입니다. 순교의 현장에 있었던 스데반의 모습을 보시기 바랍니다.

"스데반이 성령이 충만하여 하늘을 우러러 주목하여 하나님의 영광과 및 예수께서 하나님 우편에 서신 것을 보고 말하되 보라 하늘이 열리고 인자가 하나님 우편에 서신 것을 보노라 한대"[사도행전 7:55-56]

하나님 우편에 서신 주님을 보고 있는 스데반의 얼굴은 그 자체가 평안이었습니다. 돌에 맞는 육신의 아픔이 그 영광으로 인하여 다 사라진 것입니다. 더구나 주님은 앉아 있지 않고 서 계셨습니다. 이 사실은 우리를 위한 주님의 지극한 사랑을 잘 보여주는 것입니다. 우리를 맞이하기 위하여 일어서신 주님을 바라봅니다.

부활의 주님은 우리를 사랑하시되 끝까지 사랑하시는 분임을 성경은 분명하게 증거하고 있습니다. 우리 주님은 변함이 없으신 분입니다. 한 번 사랑하시되 끝까지 사랑하시는 분입니다. 이 주님께서 하나님 우편에서 서서 우리를 위하여 변호하시는 것입니다. 우리의 삶에 대하여 하나님께 아뢰고 우리를 지켜주시는 것입니다. 오늘도 우리가 우리의 죄를 자복하고 우리 하나님께 나갈 수 있는 것은 주님께서 지켜주시기 때문입니다. 이것이 구원받은 자의 참된 고백입니다.

그러므로 삶의 고난과 어려움 그리고 감당할 수 없는 문제가 있습니까? 망설일 필요가 없습니다. 왜냐하면 오늘도 하나님 보좌 우편에 서서 우리를 도와주시는 주님이 계시기 때문입니다. 그러므로 즉시 그분께 나가기만 하면 되는 것입니다. 그러면 사랑과 긍휼에 풍성하신 우리 주님께서 우리를 들으시고 지키시고 보호하여 주실 것입니다. 우리를 사랑하시되 변함없이 사랑하시는 주님께서 우리의 모든 것을 아시고 우리를 인도하여 주실 것입니다.

바울은 에베소 교회에 보내는 편지를 끝맺으면서 의미심장한 말을 남겼습니다. 그것은 바로 '변함없는 사랑'입니다.

> "우리 주 예수 그리스도를 변함없이 사랑하는 모든 자에게 은혜가 있을 지어다"[에베소서 6:24]

하나님의 은혜가 예수 그리스도를 변함없이 사랑하는 모든 자에게 주어진다는 말씀입니다. 변함이 없다는 말은 영원한 사랑, 부패하지 않은 사랑, 청렴한 사랑, 신실한 사랑, 청렴결백한 사랑을 의미합니다. 예수님을 향하여 이렇게 부패하지 않고 진실되고 청렴하게 사랑하는 자에게 하나님이 주시는 은혜가 있습니다.

예수님께서 구원받은 자들에게 원하시는 것이 바로 변함없는 사랑입니다. 어떠한 시험에도 부패하지 않는 신앙입니다. 이것이 가능한 것은 우리를 향한 예수님의 사랑이 변함이 없기 때문입니다. 알파와 오메가이시고 처음과 나중이신 예수님은 한결같이 우리를 사랑하십니다. 우리의 조건을 보시지 않습니다. 무조건적으로 우리를 부르시고 사랑하여 주십니다. 바로 이 사랑이 우리로 하여금 예수님을 향한 변함없는 사랑을 가지게 합니다. 우리가 사랑한 것이 아니라 예수님이 우리를 사랑하셨음으로 우리가 예수님을 사랑할 수 있습니다.

예수 그리스도의 십자가의 사랑을 가슴 깊이 간직한 사람은 예수님의 사랑에 사로잡혀 있는 사람입니다. 우리가 죄인 되었을 때 우리를 사랑하신 그 사랑은 영원하며 변함이 없습니다. 구원받은 신자의 심장에는 바로 이 사랑이 박혀 있습니다. 그 누구도 뽑아낼 수 없는 사랑이 모든 신자의 가슴에 있습니다. 그래서 그 사랑으로 살아갑니다. 고난의 길도 감당할 수 있는 것은 사랑이 인내하게 하기 때문입니다. 예수님의 사랑은 잠시 있다 사라지는 안개와 같지 않습니다. 그 사랑은 영원히 빛나는 태양입니다. 변하지 않고 항상 그 자리에서 비추어 줍니다. 이 사랑을 가지고 있다면 무엇이 두렵겠습니까? 또한 무엇이 부럽겠습니까? 예수님이 주신 변함없는 사랑으로 예수님을 변함없이 사랑하는 것이 그리스도인의 기쁨입니다. 당신에게는 이러한 사랑과 기쁨이 있습니까? 그렇다면 당신은 분명 행복한 사람입니다. 샬롬.

더 깊은 나눔을 위한 질문

1. 구원받은 자의 참된 고백은 예수 그리스도의 십자가에서 부활로 나아가는 것입니다. 이 고백이 중요한 이유는 무엇입니까?

2. 당신의 삶에는 구원받은 자의 참된 신앙고백이 있습니까?

3. 바울이 말한 변함없는 사랑의 의미가 무엇입니까? 당신에게는 이러한 사랑이 있습니까?

4. 복음과 함께하는 고난을 견딜 수 있는 힘이 어디에 있다고 생각합니까?

5. 당신에게 찾아온 고난이 있었습니까? 그것을 어떻게 극복하셨습니까?

에필로그

그리스도인은 십자가를 지고 부활을 사는 사람들입니다. 십자가를 지지 않고는 부활을 살 수가 없습니다. 십자가를 모르면 부활을 모르는 것입니다. 십자가를 지고 따르는 것이 바로 부활을 사는 일입니다. 역으로 부활신앙을 가진 사람이란 십자가를 지고 사는 신앙을 의미합니다. 그러므로 어느 한쪽을 폄하하는 것은 왜곡된 신앙을 가져옵니다.

우리의 신앙은 삼위 하나님을 아는 일에 중심을 두어야 합니다. 교회의 성장이 핵심이 아닙니다. 유형의 교회는 있다가도 없어집니다. 사람들이 모이다가도 사라지기도 합니다. 하지만 주의 말씀은 영원합니다. 어찌 보면 교회 성장은 풀의 꽃과 같을 수 있습니다. 화려하게 피어나기도 합니다. 하지만 풀의 꽃은 시듭니다.

우리는 이 사실을 기억해야 합니다. 교회는 오직 주의 말씀만이 흥왕해야 합니다. 그런 의미에서 교회가 힘써야 할 일은 진리를 바르고 정직하게 전하는 일입니다. 아무리 많은 사람이 모여도 진리가 없으면 하나님의 영광은 누릴 수 없습니다.

주께서 다시 오실 때 그의 영광에 참여할 수 있는 자들은 오직 바른 복음, 참된 진리를 아는 자들입니다. 이러한 자세로 오늘의 자리에 있어야 합니다. 유행 따라 사는 것은 제 멋이지만 교회는, 그리스도인은 그렇지 않았으면 합니다.

우리는 오직 영원한 말씀만을 바라보며 사는 존재입니다. 진리를 어떻게 전하고, 진리가 무엇인지를 더욱 고민하는 그러한 세미나에 사람들이 많이 몰리는 그러한 모습을 보았으면 합니다. 당장 필요한 것이 아니라 오랫동안 필요한 것을 찾았으면 합니다. 다시 한번 우리의 정체성을 가지기를 바랍니다. 우리는 십자가를 지고 부활을 사는 사람으로 주님이 영광 가운데 오실 때 그 영광에 참여할 사람들입니다.

지금까지 총 19장에 걸쳐서 구원의 길을 찾았습니다. 구원의 도리를 잘 알고 있는 분도 있겠지만 새롭게 알게 된 분들도 있을 것입니다. 구원은 우리의 생명입니다. 그러므로 구원의 길을 바르게 찾지 않으면 엉뚱한 길로 가게 됩니다. 그것은 가장 치명적인 실수입니다. 그러므로 바른 구원의 길을 찾아야 합니다. 이 작은 책이 그러한 길에 친구가 되었다면 소임을 다한 것이라 생각합니다. 특별히 신앙의 여정 가운데 소홀히 여겨지고 있는 부분은 자세하게 다루려고 하였습니다. 믿음의 여정은 마라톤과 같습니다. 그러므로 견고한 구원 신앙이 중요합니다. 이 책이 여러분의 신앙의 여정에 작은 길잡이가 되기를 바랍니다.